Theresa Tognotti

DER NAHOSTKONFLIKT

GRUNDRISS

Vorbemerkung 2
Von Theodor Herzls *Judenstaat* bis zur Balfour-Deklaration 3
Das britische Mandat 11
Von der Gründung Israels bis zum Sechstagekrieg 38
Vom Sechstagekrieg bis zur »Prinzipienerklärung« von Oslo 46
Von Oslo bis zur Gegenwart 56
Fazit 71

VERTIEFUNGEN

Die Balfour-Deklaration 73
Der erste israelisch-arabische Krieg 78
Der Suezkrieg 84
Der Sechstagekrieg 89
Der Irak 98
Die UNO 105

ANHANG

Zeittafel 110
Glossar 114
Personenregister 120
Literaturhinweise 126

Vorbemerkung

Der Nahostkonflikt ist *der* Dauerkonflikt, der Nahe Osten *die* Krisen-region schlechthin. Wie die meisten Konflikte des 20. und des begon-nenen 21. Jahrhunderts ist auch dieser im weitesten Sinne ein Pro-dukt des Ersten Weltkrieges. Bis 1918 war der gesamte Nahe Osten Teil des Osmanischen Reiches, das 1914 an der Seite Deutschlands und Österreich-Ungarns in den Krieg eingetreten war. Der direkte Gegner hieß Großbritannien. Die Briten versprachen während des Krieges beinahe allen alles: den Arabern ein unabhängiges Reich, wenn sie an ihrer Seite gegen die Türken kämpfen würden, den Fran-zosen insgeheim eine Aufteilung der Interessengebiete und den Zio-nisten die Errichtung einer »nationalen Heimstätte«, und das hieß konkret eines jüdischen Staates, in Palästina.

Von 1919 an war Großbritannien dann die entscheidende Macht im Nahen Osten. Es sollte keinen unabhängigen arabischen Staat ge-ben, sondern mehrere kleinere, deren Grenzen wie mit dem Lineal gezogen und entsprechend den britischen Interessen errichtet wur-den. Probleme gab es zunächst in Syrien und im Irak, insbesondere aber in Palästina, wo die Zionisten die britische Zusage in die Tat umsetzen wollten. Und das hieß Einwanderung von Juden – gegen den erklärten Willen der einheimischen arabischen Bevölkerung. 1937 dachten die Briten an eine Teilung Palästinas in zwei Staaten, im Vorfeld des Zweiten Weltkrieges zogen sie dann die Notbremse: Um die Araber nicht in die Arme Hitlers zu treiben, wurde die jüdische Einwanderung gestoppt. Es sollte keinen jüdischen Staat geben.

→ S. 98

Am Ende des Zweiten Weltkrieges sahen die Dinge wieder anders aus. Die Briten blieben zwar bei ihrer Haltung, aber die Zionisten fan-den nun im neuen US-Präsidenten Harry S. Truman einen Verbünde-ten. Dabei spielte weniger der Holocaust eine Rolle, Truman war auch keineswegs ein überzeugter Zionist; den Ausschlag gaben innenpolitische Überlegungen: In den USA lebten etwa 4,6 Millionen Juden, die als Wähler gewonnen werden sollten.

Die Briten gaben 1947 auf, die **UNO** empfahl dann die Teilung → S. 105 Palästinas. Am Ende stand die Gründung Israels im Mai 1948. Was bis dahin ein jüdisch-palästinensisch-britischer Konflikt gewesen war, wurde nunmehr ein **israelisch-arabischer Konflikt**; gleichzeitig → S. 78 wurde der gesamte Nahe Osten ein wichtiger Schauplatz im Kalten Krieg, nicht zuletzt auch wegen des dort vorhandenen Erdöls. Es folgte ein Krieg nach dem anderen, zumeist in klassischer Stellvertretermanier, wobei die Sowjets mehrmals mit ihrem Eingreifen drohten. Die Wurzeln der Gewalt lagen und liegen in dem von Juden wie Palästinensern historisch begründeten Anspruch auf das Heilige Land. Im Folgenden wird dieser Konflikt auf der Basis neuester Literatur und den Akteneditionen des Autors dargestellt und analysiert. [18, 18a, 18b, 37b]

Von Theodor Herzls *Judenstaat* bis zur Balfour-Deklaration

Alles begann Ende des 19. Jahrhunderts. Im Dezember 1894 wurde ein jüdischer Hauptmann des französischen Generalstabes, Alfred Dreyfus, von einem Militärgericht in Paris der Spionage für das Deutsche Reich für schuldig befunden und zu lebenslänglicher Deportation auf die Teufelsinsel in Französisch-Guyana verurteilt. Dreyfus wurde öffentlich degradiert: sein Degen zerbrochen, seine Rangabzeichen entfernt, er selbst in Ketten abgeführt. Währenddessen schrie der anwesende Mob: »Tod. Tod den Juden.« [27]

Dreyfus war ein Parvenu, ein Beispiel für den Aufstieg einer jüdischen Familie; er rühmte sich seines Reichtums, den er zumeist für Frauen ausgab. Die spätere Dreyfus-Affäre wegen des regelwidrigen Verfahrens erschütterte Frankreich; das Verfahren selbst aber erschütterte vor allem einen Mann, der Dreyfus zwar nicht mochte, aber von dessen Unschuld überzeugt und angesichts der antisemitischen Ausbrüche in Frankreich entsetzt war: Theodor Herzl, 34 Jahre alt, Journalist aus Wien.

Sechs Monate später schlug Herzl den Baronen Maurice de Hirsch und Albert Rothschild einen »jüdischen Exodus« vor: Nahezu 2000 Jahre hätten die Juden verstreut in der ganzen Welt ohne eigenen Staat gelebt; wenn man ihnen ein politisches Zentrum geben würde, könnten sie beginnen, das Problem des Antisemitismus zu lösen. Das waren die ersten Gedanken, die er wenig später auf 71 Seiten niederschrieb. Im Februar 1896 lag diese Schrift in 3000 Exemplaren vor. Titel: *Der Judenstaat – Versuch einer modernen Lösung der Judenfrage*. In sein Tagebuch schrieb Herzl am 14. Februar 1896: »Abends kamen meine 500 Exemplare. Als ich den Ballen in mein Zimmer schleppen ließ, hatte ich eine heftige Erschütterung. Dieser Ballen Broschüren stellte sinnfällig die Entscheidung dar. Mein Leben nimmt jetzt vielleicht eine Wendung.«

Herzl war 1860 in Budapest geboren und ein vollständig assimilierter Jude geworden. 1884 promovierte er zum Doktor jur. und hatte die Absicht, Schriftsteller zu werden. Er war das, was man damals einen Dandy nannte, Kaffeehausliterat und mittelmäßiger Theaterautor. 1891 wurde er für die *Neue Freie Presse* nach Paris geschickt. Der Aufenthalt dort wurde zur entscheidenden Station in seinem Leben. *Der Judenstaat* ist eine programmatische Schrift; mit ihr beginnt der moderne Zionismus. Der erste Satz macht deutlich, worum es Herzl ging:

> »Der Gedanke, den ich in dieser Schrift ausführe, ist ein uralter, es ist die Herstellung des Judenstaates. Ich erfinde weder die geschichtlich gewordenen Zustände der Juden noch die Mittel zur Abhilfe.«

Werbung für Theodor Herzls programmatische Schrift *Der Judenstaat*, die im Februar 1896 erscheint.

(Z) [7127] Eine **Aufsehen erregende** Publikation **erscheint in wenigen** Tagen:

Der Judenstaat.

Versuch einer modernen Lösung

der Judenfrage.

Von **Theodor Herzl,**

Doctor der Rechte.

Preis 1 ℳ, à cond. 25%, bar 33⅓%
und 13/12.

In dieser Arbeit wird eine **Welt-idee** propagiert, welche in allen an der Judenfrage interessierten Ländern geradezu Sensation machen muss; es wird hier als einziges Mittel zur Lösung der Judenfrage der Gedanke der Herstellung eines **Judenstaates** auf durchaus **moderner** Grundlage entwickelt.

Zu diesem Behufe empfiehlt der Autor die Gründung einer »Jewish - Company« nach dem Muster jener berühmten Kolonisierungs-Gesellschaften, der ostindischen Kompagnie oder der südafrikanischen Chartered Company. Der Verfasser weist überzeugend nach, warum diese neue Staatsidee keine Utopie sei und konstruiert die Organe, welche die Durchführung des grossen Werkes zu besorgen hätten.

Der Verfasser, Dr. Herzl, welcher als Publizist in hervorragender Stellung, früher in Paris, jetzt in Wien thätig ist und sich insbesondere durch sein Buch „Das Palais Bourbon" einen angesehenen Namen erworben hat, verfügt über einen so glänzenden, hinreissenden Stil, dass die Arbeit schon deshalb allein gelesen und gekauft werden wird

Diese Arbeit hat für Christen und Juden gleich hohes Interesse. Für weitestgehende Publikation in der Presse ist gesorgt. Bitte daher zu verlangen!

Um einen solchen Staat zu gründen, waren diplomatische Verhandlungen und eine publizistische Aktion im allergrößten Maßstab nötig, wie Herzl schrieb. Dabei musste das für diesen Staat notwendige Territorium – noch – nicht unbedingt Palästina sein. Im *Judenstaat* wird ein Stück Land in Afrika oder Argentinien nicht ausgeschlossen. Herzl war von Cecil Rhodes angeregt worden, der eine Charter der Britischen Krone erhalten und in Afrika das Land gewonnen hatte, das wenig später seinen Namen trug.

Die Reaktionen auf den *Judenstaat* waren nicht überwältigend. In Großbritannien wurden zum Beispiel nur 160 Exemplare verkauft. Auch sonst sprachen assimilierte Juden von einem »Hirngespinst«, von einem »Kuckucksei des Nationaljudentums«; die Juden seien keine Nation, sie hätten nur den Glauben an Gott gemeinsam. Tatsächlich hatte Herzl den Zionismus nicht erfunden. Zion war das Synonym für Jerusalem, für das »Land Israel«. Fromme Juden beteten damals täglich um die Rückkehr in das Gelobte Land. Die Sehnsucht war das Entscheidende, nicht die Verwirklichung der Idee. Der Preis dafür war der Verzicht auf eines der ausgeprägtesten Merkmale jüdischer Identität, auf die direkte Verbundenheit mit dem Land Palästina. Die meisten Juden waren bereit, diesen Preis zu zahlen.

Vor Herzl hatten schon andere einen eigenen Staat in Palästina gefordert: etwa Moses Hess 1862 oder der jüdische Arzt Leon Pinsker aus Odessa, der 1882 die Schrift *Autoemanzipation* vorlegte, in jenem Jahr, als in Russland wieder einmal Pogrome stattfanden. Da war jeweils die Rede von einer jüdischen Nation. Nathan Birnbaum prägte Ende der 1880er Jahre den Begriff Zionismus. Aber erst mit Theodor Herzl wurde der Zionismus eine politische Bewegung. Bis zu seinem frühen Tod im Jahr 1904 arbeitete Herzl rastlos für die Verwirklichung seiner Idee, deren Prophet und Leitfigur er gleichermaßen war.[37]

Es begann mit der Einberufung des ersten Zionistenkongresses in Basel vom 29. bis 31. August 1897. Von den 204 Delegierten kam die

Mehrheit aus Osteuropa. Man verabschiedete eine Resolution, in der es hieß: »Der Zionismus erstrebt für das jüdische Volk die Schaffung einer öffentlich-rechtlich gesicherten Heimstätte in Palästina.« In Basel wurde der Zionistische Weltkongress gegründet, Mitgliedsjahresbeitrag war ein Schekel, jenes aus der biblischen Zeit stammende Gold- und Silbergewicht (seit 1980 die Währung Israels). Es gab Vorschläge für die Errichtung einer zionistischen Bank, für eine hebräische Universität und anderes mehr. Vor allen Dingen hatte man ein wichtiges Ziel erreicht: Die öffentliche Diskussion über den Zionismus war wieder in Gang gekommen.

In sein Tagebuch notierte Herzl am 3. September 1897 jene Sätze, die später immer wieder zitiert wurden:

»Fasse ich den Basler Congress in ein Wort zusammen – das ich mich hüten werde, öffentlich auszusprechen –, so ist es dieses: in Basel habe ich den Judenstaat gegründet. Wenn ich das heute laut sagte, würde mir ein universelles Gelächter antworten. Vielleicht in fünf Jahren, jedenfalls in fünfzig, wird es jeder einsehen.«

Fünfzig Jahre und neun Monate später gab es diesen Staat: Israel.

Die Formulierung »öffentlich-rechtlich gesicherte Heimstätte in Palästina« des Baseler Programmes war eine geschickte Umschreibung der Absicht, einen eigenen Staat zu gründen, und zwar in Palästina. Die Formel dafür lautete damals: »Ein Land ohne Volk für ein Volk ohne Land«, obwohl es ein Land ohne Volk nicht gab – was auch Herzl und seine Mitstreiter wussten. Für sie gab es keinen Zweifel, was mit den dort lebenden Menschen geschehen sollte. Einer von ihnen stellte sich vor, »die eingesessenen Stämme entweder mit dem Schwert zu verjagen, wie das unsere Vorfahren getan haben, oder mit dem Problem zu kämpfen, das eine große, fremde Bevölkerung darstellt«. Wie Herzl sich das vorstellte, notierte er in seinem Tagebuch:

»Die arme Bevölkerung trachten wir unbemerkt über die Grenze zu schaffen, indem wir ihr in den Durchzugsländern Arbeit verschaffen, aber in unserem eigenen Lande jederlei Arbeit verweigern. Die besitzende Bevölkerung wird zu uns übergehen. Das Expropriationswerk muss – ebenso wie die Fortschaffung der Armen – mit Zartheit und Behutsamkeit erfolgen. Die Immobilienbesitzer sollen glauben, uns zu prellen, uns über den Wert zu verkaufen, aber zurückverkauft wird ihnen nichts.«[22]

Es ging von Anfang an darum, in Palästina eine jüdische Mehrheit zu schaffen. Für die zionistische Bewegung waren die Juden die Nachfahren der Hebräer und sozusagen »Ureinwohner« Palästinas. Die dort lebenden Araber waren demnach illegal. David Ben Gurion, 1948 der erste Ministerpräsident Israels, meinte im Jahr 1937:

»Das Land ist in unseren Augen nicht das Land seiner jetzigen Bewohner. [...] Wenn man sagt, dass Eretz Israel das Land zweier Nationen sei, so verfälscht man die zionistische Wahrheit doppelt. [...] Palästina muss und soll nicht die Fragen beider Völker lösen, sondern nur die Frage eines Volkes, des jüdischen Volkes in der Welt.«

Nach Basel wurde der Zionistische Weltkongress aktiv: Es wurde eine jüdische Kolonisationsbank errichtet, ein Nationalfonds, eine Entwicklungsgesellschaft: alles mit dem Ziel, Land zu kaufen und Juden anzusiedeln. 1913 hatte die Organisation 217 000 Mitglieder, das waren zwei Prozent der jüdischen Weltbevölkerung.

Die zionistische Bewegung brauchte Hilfe und Unterstützung mindestens einer Großmacht. Herzl setzte zunächst auf das Deutsche Reich, und hier auf Wilhelm II. – ohne Erfolg. Palästina war Teil des Osmanischen Reiches, und der Sultan dachte nicht daran, Land an Juden zu verkaufen. Uganda als eine Art »Zwischenlösung« wurde vom Zionistischen Weltkongress abgelehnt. Der Sultan sollte allerdings schon bald erleben, dass sein Reich geteilt wurde. Seine Entscheidung, im November 1914 an der Seite Deutschlands und Österreich-Ungarns in den Ersten Weltkrieg einzutreten, brachte das Ende seines Reiches und führte zu einer vollkommenen Neuordnung des Nahen Ostens, in dem von nun an die Sieger, in erster Linie Großbritannien, für lange Zeit das Sagen hatten.

Auf der Suche nach Verbündeten verteilten die Briten während des Krieges die potentielle Beute gleich dreimal. Als Erstes wurden die Araber bedient. Berühmt ist die erst 1939 bekannt gewordene Korrespondenz zwischen dem britischen Hochkommissar in Ägypten, Sir Henry McMahon, und dem Scherifen von Mekka, Hussein. Am wichtigsten ist McMahons Brief vom 24. Oktober 1915, in dem es heißt, Großbritannien sei »bereit, die Unabhängigkeit der Araber anzuerkennen und zu unterstützen innerhalb der Länder, die in den vom Scherif von Mekka vorgeschlagenen Grenzen liegen«. Dies werde »zu einer festen und dauerhaften Allianz führen, deren unmittelbare Ergebnisse die Vertreibung der Türken aus den arabischen Ländern und die Befreiung der arabischen Völker vom türkischen Joch sein werden, das seit vielen Jahren schwer auf ihnen gelastet hat«. Einiges war unklar formuliert. Da war die Rede von Regionen, Distrikten, Landesteilen mit »rein arabischen« respektive »nicht rein arabischen« Bewohnern. Unklar war auch die Zuordnung Palästinas geblieben. Aus britischer Sicht war die gesamte syrische Mittelmeerküste einschließlich des späteren Libanon und Palästinas ausgeklammert worden, was die Araber später vehement ablehnten. Acht Monate später, am 15. Juni 1916, erklärten die Araber der Türkei den Krieg. Legendär wurde hier der britische Verbindungsoffizier Thomas Edward Lawrence (»Lawrence of Arabia«). Die Briten erklärten später, der Scherif habe seinen Teil des Abkommens nicht erfüllt: Es habe keinen allgemeinen Aufstand gegeben. Tatsächlich aber war Großbritannien zu keinem Zeitpunkt bereit gewesen, ein Großarabisches Reich zu akzeptieren.[31]

Das wird deutlich am so genannten Sykes-Picot-Abkommen vom 16. Mai 1916. Sir Marc Sykes war Nahostexperte im britischen Kriegskabinett, Charles Georges Picot französischer Generalkonsul in Beirut, bevor er Vertreter der französischen Botschaft in London wurde.

In diesem Abkommen wurden die Interessensphären der beiden Mächte abgegrenzt. Die Briten wollten eine Einflusszone vom Mittelmeer bis zum heutigen Irak schaffen, als Verbindungslinie nach Indien. Ein zweiter Punkt sollte erst in den folgenden Jahrzehnten besondere Brisanz erhalten: Erdöl. Seit 1907 wurde Öl im südlichen Irak und im südwestlichen Teil des Iran gefördert. Unter Marineminister Winston Churchill war die britische Marine 1912 von Kohle auf Öl umgestellt worden; von daher wurde es für die britische Kriegsführung immer wichtiger. Verwendet man die Namen der später entstandenen Staaten, so sah die Aufteilung etwa folgendermaßen aus: Syrien, Libanon und Nordgaliläa sollten an Frankreich, der mittlere und südliche Irak an Großbritannien fallen, der größte Teil Palästinas – das bis dahin zu Syrien gehörte – einer internationalen Verwaltung unterstellt werden. Die Bucht von Haifa sollte als britische Enklave einen Sonderstatus erhalten und über eine Eisenbahnlinie mit Bagdad verbunden werden. Haifa selbst würde Endpunkt einer Ölpipeline aus dem Irak sein. Der von den Briten den Arabern zugesagte Staat sollte in eine französische Einflusszone im Norden und eine britische im Süden aufgeteilt werden.[27]

Die Dinge wurden durch die dritte und berühmteste Zusage noch komplizierter. Es handelte sich dabei um einen Brief des britischen Außenministers Arthur James Balfour vom 2. November 1917 an den Präsidenten der Zionistischen Föderation in Großbritannien, Lord Lionel Walter Rothschild. Zum ersten Mal sprach da eine Weltmacht vom jüdischen Volk. Balfour sagte die Unterstützung der britischen Regierung für die Schaffung einer nationalen Heimstätte in Palästina für dieses jüdische Volk zu. Nur 117 Worte umfasst die → S.73 berühmte **Balfour-Deklaration**, die für das Judentum einen unerhörten diplomatischen Sieg darstellte und die Weltpolitik und insbesondere die Geschichte des Nahen Ostens seither maßgeblich beeinflusst hat.

Das britische Mandat

Das Ende des Ersten Weltkrieges brachte auch das Ende des Osmanischen Reiches: Am 30. Oktober 1918 kapitulierte die Türkei. Für die nächsten 30 Jahre waren jetzt die Briten – und in geringem Maße auch die Franzosen – die neuen Herren im Nahen Osten. In den ersten vier Jahren nach Kriegsende schufen sie dort jene politische Landkarte, wie sie zum großen Teil bis heute besteht. Die großen Verlierer waren die Araber, denen die Briten während des Krieges ein eigenes Großreich versprochen hatten. Davon wollte jetzt in London niemand mehr etwas wissen. Es ging zunächst darum, die Vereinbarungen mit Frankreich einzuhalten – ohne Rücksicht auf die Araber. In diesem Sinne war auch die Balfour-Deklaration nicht nur der zweite große Wendepunkt in der Geschichte des politischen Zionismus – nach Herzls *Judenstaat* –, er war auch der Beginn einer neuen Phase der Auseinandersetzung zwischen Arabern und Juden.

Einer der entscheidenden Führer des Zionismus und 1948 erster Ministerpräsident Israels war Ben Gurion. 1886 in Polen geboren, seit 1906 in Palästina, im März 1915 von den osmanischen Behörden nach Ägypten ausgewiesen, dann in New York, war er 1918 über Kanada wieder nach Palästina zurückgekehrt. Für ihn war bereits 1918 klar, dass, wie er das formulierte,

»es keine Lösung für den arabisch-jüdischen Konflikt gibt. Wir müssen das zur Kenntnis nehmen. Wir als jüdische Nation wollen das Land für uns. Die Araber als Nation wollen das Land für sich.«

Als der Wortlaut der Balfour-Deklaration in Palästina bekannt wurde, führte dies direkt zur Bildung einer arabisch-palästinensischen Nationalbewegung. Der erste so genannte Palästinensische Nationalkongress verlangte im Februar 1919: »Der Bezirk Südsyrien oder Palästina soll nicht von der unabhängigen arabisch-syrischen Regierung getrennt werden.« Zur gleichen Zeit befand sich Emir Feisal, ein Sohn Husseins, in Paris und forderte die Unabhängigkeit aller arabi-

schen Länder. Der Hauptsprecher der Zionisten bei den Friedensverhandlungen nach dem Ersten Weltkrieg in Paris war Chaim Weizmann. Auf eine Frage von US-Außenminister Robert Lansing machte
er klar, wie die Zionisten sich die Entwicklung in Palästina vorstell-
ten: man wolle »Palästina so jüdisch machen, wie Amerika amerika-
nisch oder England englisch ist«. Wenn sie die Mehrheit hätten, würden sie eine entsprechende Regierung bilden.[27]
Ein halbes Jahr vorher hatte er Feisal versichert, dass die Juden nicht
die Absicht hätten, eine Regierung zu bilden, sondern nur unter briti-
schem Schutz das Land entwickeln wollten. Auf dieser Basis war Feisal
zur Zusammenarbeit mit den Zionisten bereit gewesen. Es kam im
Januar 1919 in Paris sogar zu einer entsprechenden Vereinbarung mit
Weizmann. Voraussetzung für eine Zusammenarbeit war allerdings
die Gründung eines unabhängigen arabischen Staates. Und Feisal
machte auch klar: »Wir Araber können Palästina nicht hergeben.« Die
Vereinbarung war hinfällig, als die Briten Feisal fallen ließen und die
Araber daraufhin die Dinge erstmals selbst in die Hand nahmen: Am
8. März 1920 wurde Feisal vom syrischen Nationalkongress in Dama-
skus zum König ausgerufen. Wie die Stimmung war, wurde vier
Wochen später, am 4. April, deutlich, als es in Jerusalem zu ersten antijüdischen Aktionen kam, sieben Juden getötet und mehr als 200 ver-
letzt wurden. Im gleichen Monat, am 24. April 1920, einigten sich
Frankreich und Großbritannien in San Remo auf eine endgültige Inter-
essenabgrenzung: Syrien und Libanon wurden französisches Mandat,
Palästina und Mesopotamien, das Land an Euphrat und Tigris, britisch.
Wenig später, im August, vertrieben die Franzosen König Feisal, der
nach Italien flüchtete. In London nahm der neue Kolonialminister
Winston Churchill, beraten von T.E. Lawrence, die Dinge in die Hand.
Feisal wurde im August 1921 König des Irak. (Irak ist ein arabisches
Wort, das die Briten anstelle von Mesopotamien benutzten.)

In der Zwischenzeit war Emir Abdullah, der dritte Sohn Husseins,
nach Amman einmarschiert in der Absicht, Syrien zu befreien und

Januar 1919: Emir Feisal mit Beratern und Begleitern auf der Friedenskonferenz in Paris, wo er die Unabhängigkeit aller arabischen Länder fordert. 2. v. l.: Nuri al-Said, der spätere Regierungschef des Irak. 2. v. r.: T. E. Lawrence, der legendäre »Lawrence von Arabien«.

Feisal wieder als König einzusetzen. Churchill, jetzt Kolonialminister, hatte eine einfache Lösung: Das Gebiet östlich des Jordan wurde kurzerhand von dem bislang so genannten Palästina abgetrennt und als Transjordanien Abdullah unterstellt (1946 erhielt dieses Gebiet seine Unabhängigkeit und wurde 1949 zum Königreich Jordanien unter den Haschemiten). Churchill hat sich später gerühmt, er habe das Emirat Transjordanien mit einem Federstrich an einem sonnigen Sonntagnachmittag geschaffen und immer noch Zeit gehabt, bis Sonnenuntergang ein Bild des herrlichen Jerusalem zu malen. In den übrigen Gebieten herrschte der Sultan von Najd, dem heutigen Saudi-Arabien – allerdings in völliger Abhängigkeit von den Briten. Er musste zum Beispiel Gebiete an den neuen Irak abtreten und wurde später durch zwei Drittel von Kuwait entschädigt.

Die Grenzen, die damals von Briten und Franzosen wie mit dem Lineal gezogen wurden, sind bis heute geblieben, die Probleme auch. Der Irak war ein Kunstprodukt, das den politischen, strategischen und wirtschaftlichen Interessen Großbritanniens diente. Die Grenzen des Irak wurden ohne Rücksicht auf die Wünsche der Kurden nach Selbstbestimmung oder die übrige Bevölkerung, Sunniten und Schiiten, gezogen. Im Osmanischen Reich hatte es ursprünglich zwei Provinzen gegeben, Basra und Bagdad. Die Briten schlugen die Ölprovinz Mossul im Norden dazu, was das Ende aller Hoffnungen der Kurden auf Autonomie bedeutete, die im Vertrag von Sèvres als Möglichkeit erwähnt worden war. »Der Irak«, so Pierre Salinger und Eric Laurent,

> »ist ein Produkt Churchills, der die verrückte Idee gehabt hatte, zwei vollkommen auseinander liegende Ölgebiete, Kirkuk und Mossul, zu verbinden, indem er drei Völker, die nichts miteinander gemein hatten, nämlich Kurden, Sunniten und Schiiten, in einen Staat presste«.[29]

Wie willkürlich auch die neuen Grenzziehungen sein mochten, das entscheidende Problem wurde die »nationale Heimstätte« der Juden in Palästina. Hierfür war zunächst eine neue Form der Verwaltung vorgesehen: Es wurde Großbritannien am 24. Juli 1922 vom Völkerbund als Mandatsgebiet übertragen. In den Mandatstext – von Zionisten in Paris entworfen! – wurde die Balfour-Deklaration wörtlich übernommen. Damit wurde diese Deklaration Völkerrecht, erweitert um mehrere Artikel, die festlegten, wie die weitere Entwicklung in Palästina von den Briten gehandhabt werden sollte. Unter anderem sollte eine angemessene jüdische Vertretung, die Jewish Agency, als eine öffentliche Körperschaft anerkannt werden, und zwar zu dem Zweck, die Verwaltung Palästinas bei der Errichtung der jüdischen »nationalen Heimstätte« zu beraten. Diese Jewish Agency wurde schon bald zu einer Art Parallelregierung in Palästina.

Nicht alle auf britischer Seite waren mit diesem Mandat einverstanden. Außenminister Lord Curzon stellte Anfang 1920 unmissverständlich klar:

>Die Zionisten wollen einen jüdischen Staat mit Arabern als Holzfäller und Wasserträger. Das wollen auch viele Briten, die mit den Zionisten sympathisieren. [...] Das ist nicht meine Sicht der Dinge. Ich will, dass die Araber eine Chance haben, und ich will keinen Staat der Hebräer. [...] Da gibt es ein Land mit 580 000 Arabern und 30 000 oder möglicherweise 60 000 Juden (keinesfalls alle Zionisten). Für uns gilt das edle Prinzip der Selbstbestimmung, und wir beenden unsere Arbeit mit einem wunderbaren Appell an den Völkerbund, und dann verfassen wir ein Dokument, das in jedem Paragraphen nach Jude stinkt und ganz klar wie die Verfassung eines jüdischen Staates aussieht.«

Mit Nachdruck wehrte sich Curzon auch gegen die dann in den Mandatstext aufgenommene Formulierung von der »Anerkennung der historischen Verbindung (historical connection) des jüdischen Volkes mit Palästina«. Für ihn war klar:

>Das wird zur Grundlage aller zukünftigen Forderungen gemacht. Ich für meine Person erkenne nicht an, dass die Verbindung der Juden mit Palästina, die vor 1200 Jahren zu Ende gegangen ist, ihnen was auch immer für einen Rechtsanspruch gibt.« [27]

Am Ende akzeptierte auch Curzon den Text. Die Sieger waren, mit den Worten Balfours,

>dem Zionismus verpflichtet. Und der Zionismus, möge er nun richtig oder falsch, gut oder schlecht sein, hat seine Wurzeln in den Traditionen der Vergangenheit, den Nöten der Gegenwart und den Hoffnungen der Zukunft, die von tieferer Bedeutung sind als die Wünsche und Vorurteile der 700 000 Araber, die jetzt dieses alte Land bewohnen. Ich glaube, das ist richtig. Was ich niemals verstanden habe, ist, wie es in Einklang gebracht werden kann.«

Was von den Briten erwartet wurde, kam denn auch der Quadratur des Kreises gleich.

Die britische Militärverwaltung in Palästina betrachtete die Zionisten nicht unbedingt mit Wohlwollen. Von daher waren diese erfreut, als die Militärregierung beendet wurde und als erster britischer Hochkommissar der Zivilverwaltung am 1. Juni 1920 Herbert Samuel, Jude und Zionist, das Amt übernahm. Wie es weitergehen sollte und was die britischen Verpflichtungen bedeuteten, machte Churchill 1922 in einem so genannten »Ersten Weißbuch« klar. Dort hieß es:

»1. Die jüdische nationale Heimstätte wird in Palästina errichtet, Palästina ist den Juden nicht als Heimstätte gegeben worden.

2. Dem jüdischen Volk in seiner Gesamtheit ist das Recht verliehen worden, die nationale Heimstätte zu errichten.

3. Die jüdische Gemeinschaft im Lande ist, unterstützt durch die Bemühungen des gesamten jüdischen Volkes, kraft eigenen Rechts und nicht aus Duldung in Palästina.«

Das entsprach weitgehend der Balfour-Deklaration. Ein Passus aber wurde zum Streitpunkt, nämlich: »Diese Einwanderung kann in ihrem Ausmaß nicht so groß sein, dass sie die jeweilige wirtschaftliche Aufnahmekapazität des Landes übersteigt.« Das waren Bedenken, die schon vor Veröffentlichung der Balfour-Deklaration im britischen Kriegskabinett geäußert worden waren.

Jetzt aber begannen die Zionisten damit, ihre »Heimstätte« in Palästina aufzubauen. Von 1919 bis 1931 wanderten etwa 120 000 Juden nach Palästina ein. In der dritten Einwanderungswelle, der so genannten Alijah, von 1919 bis 1923 waren es 35 000 Juden, hauptsächlich aus Russland, wo im Zuge der Revolution 70 000 Juden umgekommen waren. In der vierten Alijah 1924 bis 1931 kamen etwa 82 000 Juden aus Polen nach Palästina. Die Juden bauten eine Selbstverwaltung auf, die ihr wirtschaftliches, kulturelles und politisches Leben organisierte. Am wichtigsten war dabei die zionistische Exekutive, die später in die Jewish Agency umgewandelt wurde, und die jüdische Gewerkschaftsbewegung Histradut. 1926 wurde die Hebräische Universität in Jerusalem eröffnet.

In dieser Zeit häuften sich die Zusammenstöße zwischen Juden und Arabern. Anstifter der antijüdischen Aktionen war der geistige Führer der Moslems, Amin al Husseini, den die Briten im Mai 1921, wenige Tage nach den Unruhen in Jaffa, wo 43 Juden ermordet worden waren, zum Mufti von Palästina ernannten. Husseini war erst 28 Jahre alt, Angehöriger einer reichen Familie, und nannte sich schon bald »Großmufti von Jerusalem«, was bedeutender klang. 1929 brachen die Konflikte offen aus, der Großmufti sprach vom »Heiligen Krieg«, der in Hebron und Safed, aber auch in anderen Orten geführt wurde. Insgesamt wurden 133 Juden und 116 Araber getötet. Dieses Massaker bedeutete einen Wendepunkt in den arabisch-jüdischen Beziehungen in Palästina. Der neue britische Hochkommissar Sir John Chancellor sprach von »grausamen und blutrünstigen Übeltätern«. Es seien »Verbrechen an hilflosen Angehörigen der jüdischen Bevölkerung, ohne Rücksicht auf Alter und Geschlecht, und in Hebron begleitet von Akten unaussprechlicher Brutalität« begangen worden. (In Hebron waren 67 Juden getötet worden.)

Wie üblich setzte die britische Regierung eine Untersuchungskommission ein. In dem abschließenden Bericht wurden die Araber für die Massaker verantwortlich gemacht, aber auch Verständnis für sie geäußert. Ihre Reaktion sei die Folge enttäuschter nationaler Aspirationen und Befürchtungen hinsichtlich ihrer wirtschaftlichen Zukunft wegen Landkäufen und Verlust ihrer Existenzgrundlage. Die Juden hätten kein Verständnis für die zweiseitige Verantwortlichkeit der britischen Verwaltung und ebenso wie die Araber »wenig Kompromissbereitschaft« gezeigt. In einem Weißbuch wurde festgehalten, dass Großbritannien gleich große Verpflichtungen gegenüber Juden und Arabern habe und die Jewish Agency keinen speziellen politischen Status besitze. Für neue Siedler stehe kein Land mehr zur Verfügung, mit Ausnahme jener Gebiete, die sich bereits im Besitz der Jewish Agency befänden.

Die Zionisten waren empört; entsprechend lautete ihre Reaktion: »Gott schütze mich vor Kommissionen – vor Pogromen kann ich mich selbst schützen.« Für Weizmann war klar: »Das Weißbuch zielt darauf ab, unsere Arbeit in Palästina unmöglich zu machen.« Es herrschte der allgemeine Eindruck vor, als ob die Errichtung der zugesagten jüdischen Heimstätte mit Blick auf Großbritannien mehr oder weniger abgeschlossen sei oder als ob jede weitere Entwicklung von der Zustimmung der Araber abhinge. Der britischen Regierung wurde in diesem Weißbuch eine drastische Begrenzung der Einwanderung und des Landerwerbs empfohlen. Nach massiven Interventionen der Zionisten wurde dies in einem Brief des britischen Premierministers Ramsay MacDonald an Weizmann im Februar 1931 dann allerdings relativiert. Es war dies Weizmanns letzter großer politischer Erfolg. MacDonald bestätigte im Prinzip das, was im Völkerbundmandat festgeschrieben worden war; die Araber nannten dieses Schreiben nicht zu Unrecht den »Schwarzen Brief«. Im Grunde war er eine Kapitulation der britischen Regierung vor den Zionisten, die die Weiterentwicklung in Palästina in ihrem Sinne sicherstellte. Angesichts der Ereignisse in Deutschland war dies allerdings dringend notwendig. Ben Gurion formulierte das im Januar 1934 folgendermaßen:

> »Die Herrschaft Hitlers gefährdet das jüdische Volk in seiner Gesamtheit; jedoch nicht nur das jüdische Volk. Es besteht kein Zweifel daran, dass wir jetzt ebenso wie 1914 an der Schwelle eines Krieges stehen, und dieser wird, wenn es so weit ist, furchtbarer sein als der vorangegangene.«

Und ein Jahr später meinte er, die Einwanderungswelle, die durch die Entwicklung in Deutschland verursacht worden sei,

> »hat dem Zionismus Segen gebracht. Wir wissen, wenn den Massen das Wasser nicht bis zum Halse gestiegen wäre, so wären sie nicht ins Land gekommen.«

Wie Recht er hatte, wird deutlich, wenn man sich die Zahlen anschaut: In den zwanziger Jahren hatte es eine kontinuierliche Einwanderung gegeben, mit einem Höhepunkt im Jahr 1924 mit 34 386

Juden, die Zahlen gingen dann allerdings im Jahr 1927 auf 3 034 zurück. Angesichts der Wirtschaftskrise im Land verließen sogar mehr
Juden Palästina als einwanderten. Die meisten von ihnen zogen es
vor, in die USA auszuwandern. 1921 gingen 119 036 Juden in die USA
und nur 8294 nach Palästina. Das änderte sich dann 1924, als Washington Quoten festlegte. Immerhin zog es Ende der zwanziger
Jahre immer noch dreimal so viele Juden in die USA wie nach Palästina. Dort stieg die jüdische Bevölkerung in den Jahren 1919 bis 1931
von etwa 60 000 auf 175 000. Mit der »Machtergreifung« der Natio-
nalsozialisten in Deutschland 1933 änderte sich das dann drama-
tisch. Während der so genannten fünften Alijah von 1932 bis 1938
wanderten insgesamt 198 000 Juden aus Deutschland, Österreich
und der Tschechoslowakei nach Palästina aus.

Das wiederum führte zur Verschärfung der Spannungen zwischen
Juden und Arabern. Die Araber sahen sich auf der ganzen Linie als
Verlierer. Der Großteil von ihnen lebte zwar auf dem Land, aber in
den Städten sah es zum Teil erschreckend aus; dort waren viele Araber zum Proletariat geworden. In einem Bericht aus Haifa heißt es,
11 160 von ihnen lebten in 2 500 Hütten aus Benzinkanistern. Juden
und Briten wurden für diese Entwicklung verantwortlich gemacht.
Am 25. April 1936 rief das neu gebildete »Arabische Hochkomitee«
zum Generalstreik »bis zum nationalen Sieg« auf. Bis 1948 stand dieses Komitee an der Spitze der palästinensischen nationalen Bewegung. Es war zunächst ein Aufstand gegen die Juden. Noch im April
kam es zu ersten Massakern in Jaffa, bei denen 15 Juden ermordet,
Orangenhaine abgeholzt, Läden und Fabriken zerstört wurden. Am 1.
Mai 1936 wurde der Aufstand auch gegen die Briten erweitert; es
war jetzt ein »Heiliger Krieg für das Heilige Land«.

Dieser »arabische Aufstand« half eher den Zionisten, die jetzt
nämlich Waffen haben durften. Hier beginnt im Grunde der Aufbau
der späteren israelischen Streitkräfte. Die Briten schickten 20 000
Soldaten ins Land und sorgten für »Ruhe und Ordnung«. Die Führer

des arabischen Hochkomitees waren bereit, den Streik zu beenden, weil er erfolglos geblieben war. Ibn Saud von Saudi-Arabien, König Abdullah von Transjordanien und König Ghazi des Irak vermittelten im Oktober 1936 ein Ende des Streiks. Der Aufstand hatte 38 Briten, 80 Juden und 145 Arabern das Leben gekostet. Als eine Art »Belohnung« für die Vermittlung reduzierten die Briten die Zahl der Einreisebewilligungen für Juden auf 1800 von Oktober 1936 bis März 1937; das waren nur noch 17 Prozent der von der Jewish Agency geforderten Quote in Höhe von 11200.[31]

Gleichzeitig setzte die britische Regierung eine neue Untersuchungskommission unter Leitung von Lord Robert Peel ein. Sie sollte vier Dinge tun, nämlich 1. »die grundlegenden Ursachen der Unruhen« ermitteln; 2. »Verflechtungen der Mandatsmacht gegenüber Arabern und Juden überprüfen«; 3. »legitime Beschwerden« über die Durchführung des Mandats feststellen; und 4. »Empfehlungen zur Vermeidung von Beschwerden« unterbreiten.

Die Kommission veröffentlichte ihren Bericht im Juli 1937. Das Ergebnis war eindeutig: Das Palästina-Mandat war nicht durchführbar, das Land sollte in zwei Staaten geteilt werden. Der Bericht sprach von einem unüberwindlichen Konflikt zwischen Juden und Arabern; sie könnten möglicherweise lernen, in Palästina zusammenzuleben und zu arbeiten, wenn sie eine echte Anstrengung machen wollten, ihre nationalen Ideale miteinander zu versöhnen und zu verbinden und so mit der Zeit ein gemeinsames, zweigestaltiges Staatsvolkstum aufzubauen: »Aber«, so das Fazit, »hierzu sind sie nicht imstande.« Die Verschärfung des Konfliktes werde fortschreiten: »Die trennende Macht der Umstände in Palästina wächst von Jahr zu Jahr. [...] Da jede Gemeinschaft überdies anwächst, so vertieft sich die Rivalität zwischen beiden.« Bis zum Ende des Mandats bleibe die Lage durch die Ungewissheit über die Zukunft »verdunkelt«. Jeder intelligente Araber und Jude sei gezwungen zu fragen: »Wer wird schließlich in Palästina regieren?« Es sei ein Fall

»Recht gegen Recht«, eine Situation, die nur durch die Teilung Palästinas in zwei unabhängige Staaten, einen arabischen und einen jüdischen, gelöst werden könne. Großbritannien sollte als Mandatsmacht strategisch wichtige Plätze und die heiligen Stätten behalten.

Der jüdische Staat würde demnach etwa 20 Prozent Palästinas
ausmachen und den nördlichen Bereich Galiläas bis südlich von
Nazareth und die Gebiete von der libanesischen Grenze bis südlich
von Jaffa – das arabisch bleiben sollte – erhalten. Für die Araber war
der Rest des Gebiets vorgesehen. Als Entschädigung für den Verlust
jenes Territoriums, das von den Arabern als das ihre angesehen
wurde, sollte der arabische Staat eine jährliche Subvention vom jüdischen Staat bekommen. Für Peel war klar, dass eine »drastische Operation notwendig sei: Kein ehrlicher Arzt kann hier bloß Aspirin und
eine Wärmflasche empfehlen.«

Die Araber lehnten den Teilungsplan sofort ab. Der geplante Araber-
staat würde zwar 80 Prozent des Gebietes umfassen, aber der frucht-
barste Teil wäre den Juden zugesprochen worden, und 250 000 Araber, die in Galiläa wohnten, hätten das Land verlassen müssen. Im
Übrigen würden die Juden einen unabhängigen Staat bekommen,
während der arabische Staat höchstwahrscheinlich ein Teil Transjor-
daniens geworden wäre. Ein arabischer Kongress im September 1937
in Bludan in Syrien rief die Araber zu vereintem Widerstand gegen
das »Weltjudentum« und dessen Absichten auf, einen Staat in Palästina zu errichten. Von nun an war Palästina nicht mehr nur eine
Angelegenheit der Araber in Palästina, sondern eine Angelegenheit
aller Araber. Die Teilung des Landes allerdings war von nun an eine
Option.

Die Zionisten reagierten zunächst zurückhaltend auf den Teilungsplan; man forderte ein größeres Gebiet. Auf dem 20. Zionistenkongress in Zürich im August 1937 sprach sich dann aber eine Mehrheit
für die Annahme des Plans aus, nachdem Ben Gurion klargemacht
hatte, dass kein Stück Land aufgegeben werde, der Peel-Plan aber

möglicherweise der beste Weg sei, um das angestrebte Ziel zu erreichen. Das Wichtigste aber war, dass man einen unabhängigen Staat bekommen würde, der unbeschränkt Juden aufnehmen könnte, was angesichts der Entwicklung in Deutschland immer wichtiger wurde.

Die Araber reagierten auf ihre Weise: Im September 1937 begann die zweite Phase ihres Aufstandes, die bis Januar 1939 dauerte. Erstmals richtete sich der Kampf auch gegen britische Regierungsbeamte. Im September 1937 wurde der amtierende Distriktkommissar von Galiläa ermordet. Der Großmufti flüchtete daraufhin in den Libanon und dann in den Irak. In den folgenden Wochen und Monaten durchstreiften bewaffnete arabische Banden das Land, die schon bald Verbindungswege und sogar Städte kontrollierten. Seite an Seite mit den Briten agierte jetzt die jüdische paramilitärische Selbstverteidigungsorganisation Haganah (hebr. »Verteidigung«). Der Haganah wurde erlaubt, sich zu bewaffnen. Unter dem Kommando des schottischen Offiziers Orde Charles Wingate wurden gemischte britisch-jüdische Spezialeinheiten gebildet, die zwar vordergründig die 1935 fertig gestellte Pipeline der Iraq Petroleum Company schützen sollten, die aber in erster Linie gegen die arabischen Rebellen kämpften. Sie drangen nachts in arabische Dörfer ein (»special night squads«) und sprengten Häuser.

Für einige Zionisten war die Haganah als britische Hilfspolizei allerdings zu wenig. 1937 spaltete sich eine Gruppe ab und begann als Irgun Z'vai Le'umi (Nationale Militärorganisation, IZL, Etzel oder auch Irgun) eigene »Operationen«. Ihre Terrorangriffe richteten sich gegen arabische Busse, Cafés, Märkte und andere öffentliche Plätze. Allein innerhalb von drei Wochen im Jahr 1937 töteten sie auf Märkten 77 Araber.

Die Briten gingen hart gegen die Araber vor. Von 1937 bis zum Ende des Aufstandes im Frühjahr 1939 wurden über 100 von ihnen im Zentralgefängnis von Akko gehängt. Häuser von Familien, die verdächtigt wurden, Aufständische zu unterstützen, wurden gesprengt. Als die Briten versuchten, die Aktivitäten der Irgun einzuschränken und ein Mitglied hängten, gab Ben Gurion die Losung aus: »Nicht mehr die Briten länger unterstützen, sondern unsere eigene Militärmacht aufstellen, damit wir, wenn nötig, gegen sie antreten können.«

Nach dem Münchener Abkommen 1938, als nach Meinung des britischen Premierministers Chamberlain der Friede in Europa gerettet worden war, konnten die Briten weitere Truppen nach Palästina verlegen. Schließlich waren wieder etwa 20000 Soldaten im Land. Auf diese Weise gelang es, im Januar 1939 den Aufstand niederzuschlagen. Allein 1938 waren offiziell 1700 Araber getötet worden – in Wahrheit wahrscheinlich sehr viel mehr –, 292 Juden und 77 Briten waren umgekommen.

Als der Aufstand niedergeschlagen war, streckte Großbritannien die Fühler zu den Arabern aus. Entscheidend war dabei die Entwicklung in Europa, wo ein Krieg offensichtlich immer näher rückte. Das bedeutete auch das Ende einer möglichen Teilung Palästinas. Das Foreign Office war von Anfang an gegen den Peel-Plan gewesen und stellte nun klar, »dass die Auswirkungen, die ein mit den Feinden Großbritanniens verbündeter Naher Osten auf Europa hat, gravierender sind als jedes Argument für eine Teilung Palästinas«. Und die Militärs stellten klar, dass es darum gehe, »die Araber in Palästina und in den Nachbarstaaten vollständig für uns zu gewinnen«. Britische Truppen würden in Europa gebraucht, nicht im Nahen Osten.

Der neue Kolonialminister, Malcolm MacDonald, lud für Februar 1939 Vertreter aus Ägypten, dem Irak, Saudi-Arabien, Transjordanien und dem Jemen sowie Vertreter der Jewish Agency und Zionisten aus den USA und Großbritannien nach London ein. Die Zionisten waren alarmiert, und am 27. Februar starben 38 Araber in einer Serie von Bombenexplosionen in Palästina. In London weigerten sich die Araber, überhaupt mit den Zionisten zu sprechen. Premierminister Chamberlain traf beide Gruppen separat – ohne

Ergebnis. Um die Freundschaft der Araber zu gewinnen, so Außenminister Halifax am 8. März, müsse definitiv die Zahl jüdischer Einwanderer festgelegt werden. Chamberlain sprach sich mit Rücksicht auf die amerikanische öffentliche Meinung für 100 000 aus; man einigte sich dann in Beratungen mit den Arabern auf 75 000 für die nächsten fünf Jahre. Das britische Weißbuch sollte sofort veröffentlicht werden. Wenn Großbritannien schon jemanden beleidigen müsse, so Chamberlain, dann die Juden, und nicht die Araber.

Am 17. Mai 1939 wurde das Weißbuch veröffentlicht: Es war das Ende der bisherigen Politik. Angesichts der weltpolitischen Entwicklung war der Zionismus für Großbritannien zur Belastung geworden. Jetzt verkündete die britische Regierung »unzweideutig, dass es nicht ihre Politik ist, aus Palästina einen jüdischen Staat werden zu lassen«. Man wollte einen unabhängigen Staat Palästina innerhalb von zehn Jahren errichten, in dem Araber und Juden gemeinsam leben sollten, die Einwanderung aber in jedem Fall beenden. Für die nächsten fünf Jahre sollten nur noch die insgesamt 75 000 Juden zugelassen werden – 15 000 pro Jahr –, danach würde es keine jüdische Einwanderung mehr geben, es sei denn, die Araber Palästinas wären damit einverstanden. Die britische Regierung sei entschlossen, so hieß es weiter, »die illegale Einwanderung zu verhindern«, der Hochkommissar erhalte Vollmachten, »den Landverkauf zu verbieten und zu steuern«.

Die Reaktion der Zionisten war entsprechend. Für Weizmann war es Verrat an den Juden, für Ben Gurion gar »der größte Verrat, den die Regierung eines zivilisierten Volkes in unserer Generation begangen hat«. Er sei »mit der Kunstfertigkeit von Experten für Hinterlist und vorgetäuschte Rechtschaffenheit formuliert und erläutert worden«. Und er gab die Parole aus: »Für uns gibt es kein Weißbuch, und kann es auch gar nicht geben. Wir müssen so handeln, als ob wir der Staat in Palästina wären, bis wir tatsächlich einen Staat in Palästina haben.«

Bis dahin aber schien es noch ein weiter Weg zu sein. Die Entwicklung in Europa wies in Richtung Krieg. Auf dem 21. Zionistenkongress in Genf vom 16. bis 25. August 1939 war Deutsch zum ersten Mal nicht mehr offizielle Konferenzsprache. Das Schlusswort von Weizmann war geradezu prophetisch:

»Finsternis umgibt uns. Wenn wir, wie ich hoffe, überleben und unsere Arbeit fortsetzen können, wer weiß, vielleicht wird ein neues Licht aus der Finsternis kommen. Es gibt einige Dinge, die gewiss eintreten werden, Dinge, ohne die man sich die Welt nicht vorstellen kann. Die übrigen werden weiterarbeiten, weiterkämpfen, weiterleben bis zur Morgenröte einer besseren Zeit. Diese Morgenröte vor Augen, entbiete ich Ihnen meinen Gruß. Mögen wir in Frieden wieder zusammenkommen.«

Das Protokoll vermerkte nach diesen Worten:

»Tiefe Bewegung erfasst den Kongress. Dr. Weizmann umarmt seine Kollegen auf dem Podium. Viele haben Tränen in den Augen, Hunderte Hände strecken sich Weizmann entgegen, als er den Saal verlässt.«

Und als der Krieg ausbrach, erklärte die Jewish Agency in Jerusalem: »Dieser Krieg ist auch unser Kampf.« Ben Gurion prägte den Satz: »Wir werden gemeinsam mit England gegen Hitler kämpfen, als gäbe es kein Weißbuch, und wir werden das Weißbuch bekämpfen, als gäbe es keinen Krieg.«

Es wurde dann vor allem ein Kampf gegen die Briten, die um beinahe jeden Preis verhindern wollten, dass jüdische Flüchtlinge Palästina erreichten. Sie befürchteten, dass dies möglicherweise zu einem Bündnis der Araber mit Deutschland führen würde. Den Zionisten ging es dabei vor allen Dingen um die Rettung europäischer Juden vor der Vernichtung in den Konzentrationslagern und durch »Einsatzkommandos«. Von bulgarischen und rumänischen Häfen versuchten zum Teil seeuntüchtige Schiffe Flüchtlinge nach Palästina zu bringen. Sie wurden in der Regel von den Briten abgefangen, die

Flüchtlinge auf Zypern und in Palästina interniert, um dann nach Mauritius deportiert zu werden. Traurige Berühmtheit erlangten vor allem die so genannten »Todesschiffe« »Patria«, »Salvador« und »Struma«. Im November 1940 lagen zwei Schiffe mit Flüchtlingen im Hafen von Haifa. 1900 von ihnen sollten mit der britischen »Patria« nach Mauritius deportiert werden. Die Haganah versuchte, durch einen Sabotageakt die Ausfahrt des Schiffes zu verhindern. Durch eine falsche Berechnung des Sprengstoffes schlug das Unternehmen fehl, das Schiff sank sofort, mit ihm 267 Menschen. Wie die Stimmung war, macht der Protest von General Archibald Wavell gegen die Entscheidung deutlich, die Überlebenden der »Patria« an Land zu lassen:

> »Vom militärischen Standpunkt erscheint dies verhängnisvoll. Überall in der arabischen Welt wird bekannt werden, dass die Juden sich wieder erfolgreich gegen eine Entscheidung der britischen Regierung durchgesetzt haben und die Weißbuch-Politik revidiert wird. [...] Es wird sich herumsprechen, dass man nur durch gewaltsames Vorgehen gegen die Briten Erfolg haben kann. Bitte setzen Sie all Ihren Einfluss ein. Es geht um eine ernste Angelegenheit.«

Einen Monat später war es die »Salvador« mit bulgarischen Juden an Bord. Sie hatte in Haifa nicht anlegen dürfen und war nach Bulgarien zurückgeschickt worden. Sie zerschellte an einem Felsen bei Istanbul. 200 Flüchtlinge kamen um, davon 70 Kinder. Das Foreign Office wies die Botschaft in Ankara an: »Bitte drängen Sie die türkische Regierung im Interesse der Stabilität im Nahen Osten, alles Mögliche zu tun, um die Überlebenden daran zu hindern, auf dem Landweg oder sonstwie Palästina zu erreichen.« Die türkische Regierung teilte zwar mit, dass die Überlebenden sich in Istanbul in einem Mitleid erregenden Zustand befänden, stellte aber auch klar, dass sie »der bulgarischen Regierung mitteilen wird, dass diese Juden nach Bulgarien zurückgeschickt werden«. Die Randbemerkung auf dem entsprechenden Telegramm in London lautete »good«.

Churchill war ein Freund der Juden und des Zionismus. Ein Ereignis, das am meisten dazu beitrug, dass sich viele Juden gegen ihn wandten, war die so genannte »Struma-Affäre«. Die »Struma« war ein seeuntüchtiger Viehfrachter, der Platz für höchstens 100 Passagiere hatte. Am 12. Dezember 1941 lief er von Constanza mit 769 rumänischen Juden an Bord aus, davon die Hälfte Frauen und Kinder, und lag dann im Hafen von Istanbul. Das Foreign Office drängte die Botschaft in Ankara, sie möge der Türkei klarmachen, dass die Flüchtlinge nicht nach Palästina einreisen dürften. Die Türken hatten bereits selbst vorgeschlagen, das Schiff zurückzuschicken. Rumänien aber weigerte sich, das Schiff aufzunehmen, da es das Land illegal verlassen habe – was nicht stimmte. Im Foreign Office fragte Unterstaatssekretär Oliver Harvey am 11. Februar 1942: »Kann man für diese unglücklichen Flüchtlinge nichts tun? Muss unsere Regierung solch eine unmenschliche Entscheidung treffen? Wenn sie zurückkreisen, werden sie alle den Tod finden.« Die Reaktion war negativ. Eine Weiterreise werde eine unnötige Belastung für den Hochkommissar in Palästina darstellen und, »was vielleicht das Schlimmste ist, sie [die Juden] hätten erfolgreich unserer Politik zuwidergehandelt«. Am 24. Februar wurde das Schiff aufs Meer zurückgeschleppt, wo es am 25. Februar 1942 von einem sowjetischen U-Boot torpediert wurde und sank. Es gab nur einen Überlebenden.

Die Juden machten Hochkommissar Harold MacMichael und Kolonialminister Lord Moyne verantwortlich. Es wurden Steckbriefe mit dem Bild von MacMichael verteilt, auf denen es hieß: »Wanted for Murder«. Auf Moyne wurde 1944 ein tödliches Attentat verübt. Ein führender Zionist kommentierte die »Struma«-Tragödie folgendermaßen: »Die Juden können sich nicht vorstellen, dass etwas Derartiges hätte geschehen können, wenn diese Flüchtlinge einer Nation angehört hätten, die eine Regierung hat, und sei es auch nur eine Exilregierung, die für sie einsteht.« Zwei Monate nach dem Untergang der »Struma« kam ein Mann nach Palästina, der später noch eine große Rolle spielen sollte: Menachem Begin, Jahrgang 1913. Als er im Mai 1977 Ministerpräsident Israels wurde, erwähnte er die »Struma«-Katastrophe in seiner ersten Rede in der Knesseth. In Yad Vashem, der nationalen Gedenkstätte Israels, wird auch die Geschichte der »Struma« dargestellt und damit den NS-Verbrechen gleichgestellt.[28]

Die Zionisten versuchten damals immer wieder, den Briten klarzumachen, dass die Araber keine politischen Schwierigkeiten machen würden, da sie militärisch keine Rolle spielten. Als sich die militärische Lage für die Briten verschlechterte und es so aussah, als ob Rommel über Nordafrika und Ägypten auch nach Palästina vorstoßen würde und vom Norden deutsche Truppen kommen würden, änderte sich die Einstellung ansatzweise. Es gab zwar keine offizielle jüdische Armee, aber geheime Operationen – allerdings ohne Wissen der britischen Behörden in Palästina. Die britische militärische Abwehr MI 4 und die Spionageorganisation SOE (Special Operations Executive) arbeiteten mit der Haganah zusammen. SOE-Leute gründeten den Palmach, die Elitetruppe der Haganah. Der erste Einsatz wurde in Syrien durchgeführt.

Syrien unterstand damals Vichy-Frankreich. Im April 1941 stieß die Wehrmacht über Jugoslawien nach Griechenland vor, Ende Mai fiel Kreta, die Italiener bombardierten Haifa. Man hatte auch Informationen über das Unternehmen »Barbarossa«, den deutschen Überfall auf die Sowjetunion im Juni 1941. London vermutete, dass deutsche Soldaten in Syrien landen würden, um über den Irak und den Iran nach Indien zu gelangen. Die Briten stießen daraufhin nach Syrien vor, um strategisch wichtige Gebiete zu besetzen. Dies war der erste Einsatz des Palmach; mit dabei waren zwei Juden, die später noch berühmt werden sollten: Moshe Dajan (der bei diesem Unternehmen ein Auge verlor), 1967–1974 Verteidigungsminister und 1977 – 1980 Außenminister Israels, und Yigal Allon, 1974 – 1977 Außenminister Israels.

Der **Irak** war ein weiteres kritisches Operationsfeld. Dort gab es im →S.98
April 1941 einen Staatsstreich, eine pro-deutsche Regierung wurde
installiert. Nur mit Mühe konnten die Briten im Mai Bagdad zurück-
erobern. Auf die Bemühungen der Zionisten, eine eigene »Armee«
aufzustellen, wurde in London nur zurückhaltend reagiert. Erst im
September 1944 gab es eine »Jüdische Brigade«, die mit eigener,
blau-weißer Flagge in der britischen Armee kämpfte.

Für die Zionisten waren inzwischen die Briten mit dem Weißbuch
und ihrer Politik in den ersten Jahren des Krieges zu größeren Feinden als die Araber geworden. Sie verlagerten daher ihre Aktivitäten
auf die USA, von denen sie Hilfe und Unterstützung erwarteten –
und nach Kriegsende auch bekamen, auch wenn es dabei in erster
Linie um amerikanische Innenpolitik ging. Palästina wurde bis zur
Gründung Israels im Mai 1948 ein Streitpunkt zwischen den USA und
Großbritannien. Am 8. September 1939 hatte Ben Gurion den Kom-
mandeuren der Haganah gesagt: »Der Erste Weltkrieg hat uns die
Balfour-Deklaration gebracht. Dieses Mal muss es ein jüdischer Staat
sein.« Im Januar 1942 forderte Weizmann in einem Artikel in den
»Foreign Affairs« nachdrücklich die Errichtung eines jüdischen Staates in dem Gebiet westlich des Jordan. Er wiederholte diese Forderung dann im Mai 1942 auf einer außerordentlichen Zionistenkonfe-
renz in New York, an der 500 amerikanische und europäische Juden
teilnahmen. »Palästina«, so hieß es, »wird als ein jüdisches Staatswesen [Commonwealth] in die Struktur der neuen demokratischen
Welt eingegliedert.« Da man im Hotel Biltmore tagte, ist dies als
»Biltmore-Deklaration« in die Geschichte eingegangen.

Ben Gurion hoffte damals, dass man zwei Millionen Juden nach
Palästina bringen könne; die Araber sollten notfalls mit Gewalt entfernt werden, falls sie das Land nicht freiwillig verließen, wovon man
allerdings nicht ausging.

Inzwischen war von dem Katholiken Robert Wagner das American
Palestine Committee gegründet worden, dem schon bald zwei Drittel

des amerikanischen Senats und 200 Mitglieder des Repräsentantenhauses angehörten. Dieses Komitee sprach sich für eine jüdische Armee aus, für unbeschränkte Einwanderung der Juden, für die Rücknahme des britischen Weißbuches und für Palästina als das erwähnte Commonwealth. In öffentlichen Veranstaltungen wurde auf das Schicksal der Juden in Europa hingewiesen.

Was mit Blick auf die USA oft vergessen wird: Antisemitismus war damals dort weit verbreitet. Es gab Universitäten und Clubs, in denen Juden nicht zugelassen waren; auch sonst wurden sie vielfach diskriminiert. Von daher bedeutete jüdische Auswanderung nach Palästina, dass weniger Juden in die USA einreisen würden. Und die entsprechenden Einwanderungsgesetze würden sowieso nicht geändert. Präsident Roosevelt war kein Zionist, aber es gab nun einmal fast 4,6 Millionen jüdische Wähler in den USA und nur 100000 arabische. Bei den Entscheidungen der folgenden Jahre spielten von daher innenpolitische Überlegungen eine überragende Rolle, genauso wie das, was Harry S. Truman als Vorsitzender eines Untersuchungsausschusses bereits 1943 festgestellt hatte, dass nämlich die USA in Zukunft mehr Öl brauchen würden, als sie selbst produzierten.

Innenpolitische Überlegungen spielten bereits bei der Präsidentenwahl im November 1944 eine wichtige Rolle. Roosevelt versprach Wagner, dass er bei einer Wiederwahl mithelfen werde, Palästina als »ein freies und demokratisches jüdisches Staatswesen zu errichten«. Auf dem Rückweg von der Konferenz in Jalta traf Roosevelt am 14. Februar 1945 dann Ibn Saud in Ägypten. Saud machte klar, dass die Araber eher sterben würden, als den Juden Land zur Verfügung zu stellen. Das Dilemma wurde deutlich, als ein demokratischer Abgeordneter des Repräsentantenhauses aus Brooklyn Roosevelt vorwarf, sein Versprechen gebrochen zu haben, und darauf hinwies, dass eine Million Juden in Brooklyn lebten, ohne deren Unterstützung Roosevelt die Wahl verloren hätte. [27]

Fast gleichzeitig, am 23. März, schrieb Ibn Saud an Roosevelt, dass die Zionisten eine Art Nazifaschismus in jenen arabischen Ländern betrieben, die auf der Seite der Alliierten gestanden hätten. Jüdische Emigranten würden in ein Land gebracht, das bereits bewohnt sei. Am Tag zuvor hatten die arabischen Staaten in Alexandria die Arabische Liga gegründet – mit Palästina als gleichberechtigtem Mitglied. Ihr Programm war eindeutig. In einer Erklärung hieß es,

> »dass sie niemandem in dem Bedauern über die Leiden nachsteht, die den Juden Europas durch europäische Diktaturen zugefügt wurden. Aber die Angelegenheit dieser Juden sollte nicht mit dem Zionismus verwechselt werden, denn es kann kein größeres Unrecht und keine größere Aggression geben, als wenn das Problem der Juden Europas durch ein anderes Unrecht gelöst wird, indem den Arabern Palästinas unterschiedlicher Religion und Konfession Unrecht getan wird.«

Würde das dennoch geschehen, würde damit die gesamte Sicherheit und Stabilität des Nahen Ostens gefährdet. Ein grundlegendes Defizit dieser Arabischen Liga war von Anfang an und blieb es in den folgenden Jahren, dass es nicht gelang, im Kampf gegen den Judenstaat die Mitgliedstaaten wirksam zu einen. Oberste Priorität war nämlich das Bestreben, nicht zuzulassen, dass der jeweilige Konkurrent in der zu erwartenden Auseinandersetzung mehr gewann als man selbst. Das war das Muster für die nächsten Jahrzehnte – zum Vorteil Israels.

US-Außenminister Edward Stettinius warnte den neuen Präsidenten Harry S. Truman am 18. April 1945, dass Palästina ein extrem komplexes Problem sei und Fragen damit verbunden seien, die »weit über das Schicksal der Juden in Europa hinausgehen«. Im Vorfeld der Konferenz von Potsdam im Juli 1945 versuchten die Zionisten massiv, auf Truman Druck auszuüben. In einer Petition, die immerhin 54 Senatoren und 250 Mitglieder des Repräsentantenhauses unterschrieben hatten, wurde eine unbeschränkte Einwanderung der

Juden nach Palästina und die Errichtung des vielfach erwähnten jüdischen Commonwealth gefordert. In Potsdam bat Truman dann Churchill um die Aufhebung der Einwanderungsbeschränkungen. Churchill beantwortete den Brief nicht mehr; er hatte die Unterhauswahl verloren und trat zurück. Sein Nachfolger war der Sozialist Clement Attlee; der neue Außenminister hieß Ernest Bevin. Bevin war Antisemit und verfolgte die gleiche Politik wie seine konservativen Vorgänger. Ihm ging es um den Erhalt der strategischen Position Großbritanniens im Nahen und Fernen Osten, und das hieß Fortsetzung der Weißbuchpolitik von 1939: Die Einwanderungsquote blieb bei etwa 1500 im Monat, illegale Einwanderung war zu unterbinden.

Zu diesem Zeitpunkt befanden sich unter den Millionen Displaced Persons (DPs) in Deutschland und Österreich auch zahlreiche Juden, zumeist Überlebende der Konzentrationslager, was die Militärbehörden aber wenig bis gar nicht interessierte. Der jüdischen Lobby gelang es im Juni 1945, Truman persönlich für das Schicksal dieser Juden zu interessieren. Er beauftragte den US-Delegierten Earl Harrison beim Interministeriellen Flüchtlingskomitee, die Lage der jüdischen DPs zu untersuchen. Dessen Bericht mit erschütternden Einzelheiten lag Truman am 1. August vor. Da hieß es unter anderem: »Wir behandeln die Juden offensichtlich, wie die Nazis es taten, nur mit einer Ausnahme: Wir ermorden sie nicht.« Harrison empfahl, 100 000 Juden nach Palästina einreisen zu lassen. Das gleiche hatte bereits im Juni die Jewish Agency gefordert. Nach Meinung Ben Gurions konnten diese DPs nicht weiter »zwischen den Grabsteinen von Millionen ihrer hingeschlachteten Brüder vegetieren«. Truman übernahm diese Forderung und bat Attlee am 31. August um Ausstellung von 100 000 zusätzlichen Einreisevisa nach Palästina.

Damit machte er praktisch die Briten für die weitere Entwicklung verantwortlich; diese wiederum lehnten ab. Pentagon und State Department sahen das ähnlich kritisch. Das Pentagon war der Meinung, dass man nach einer solchen Masseneinwanderung 400000 Soldaten zur Aufrechterhaltung der Ordnung benötige, von denen die USA wahrscheinlich 300000 stellen müssten. Das State Department warnte vor einer Einmischung in britische Angelegenheiten. Truman setzte sich über diese Bedenken hinweg: Die jüdischen DPs und Palästina waren ein vortreffliches Thema im Wahlkampf. Am 6. November fanden nämlich in New York Wahlen statt, die Stimmen der jüdischen Wähler zählten mehr als andere Überlegungen. Inzwischen hatte das britische Kabinett beschlossen, das jüdische DP-Problem durch eine gemeinsame US-britische Kommission untersuchen zu lassen. Auf Bitten des neuen US-Außenministers James Byrnes gab Bevin diese Entscheidung erst drei Tage nach den Wahlen in New York bekannt. Für jeden war damit erkennbar, dass britische militärische und strategische Ziele mit der amerikanischen Innenpolitik, den Wahlen, in Konflikt geraten waren.

Die anglo-amerikanische Untersuchungskommission empfahl am 20. April 1946 für Palästina die Bildung eines binationalen Staates und die sofortige Einwanderung von 100000 jüdischen Flüchtlingen. Ohne Rücksprache mit London sprach sich zehn Tage später auch Truman öffentlich für deren Einwanderung aus. Für Bevin war klar, und das betonte er am 1. Mai 1946 auch öffentlich, dass die USA die jüdischen Flüchtlinge in Palästina haben wollten, »weil sie sie nicht in New York haben wollen«. Daran war etwas Wahres: Von Mai 1945 bis September 1946 hatten die USA nur 5718 Juden ins Land gelassen, Großbritannien im selben Zeitraum 70000.

Inzwischen forderten die Terroraktionen gegen die Briten in Palästina immer mehr Opfer. Ein trauriger Höhepunkt war der 22. Juli 1946, als die Terrorgruppe Irgun unter Menachem Begin den Südflügel des King David Hotels in Jerusalem sprengte, wo sich das Hauptquartier der britischen Mandatsverwaltung befand. 91 Menschen wurden getötet. Als Reaktion darauf verschärften die britischen Militärbehörden ihre Aktionen gegen die jüdischen Terrorgruppen. Der britische Armeekommandeur Evelyn Barker sprach davon, »die Juden da zu packen, wo es ihnen wehtut, nämlich am Geldbeutel«. Die Zionisten verstärkten daraufhin ihre Agitation in den USA und waren erfolgreich, da Kongresswahlen vor der Tür standen. Am 4. Oktober 1946, einen Tag vor dem jüdischen Versöhnungsfest Yom Kippur, sprach sich Truman öffentlich für die Teilung Palästinas aus – ganz im Sinne der Jewish Agency.[35]

Yom Kippur war nicht der Grund für seine Rede, sondern die Tatsache, dass am 6. Oktober Thomas E. Dewey, Gouverneur von New York und voraussichtlicher Herausforderer bei den Präsidentschaftswahlen, eine Rede halten wollte, um die jüdischen Stimmen für sich zu gewinnen. Tatsächlich kritisierte Dewey scharf die Palästinapolitik der Truman-Administration und forderte gleich die Einwanderung von »mehreren hunderttausend« Juden. Der republikanische Kandidat für ein Senatorenamt für New York ging noch weiter: Er forderte, Palästina solle eine Zufluchtstätte für »Millionen« Not leidender Juden werden. Bevin kommentierte Trumans Stellungnahme später resignierend, er könne keine internationale Politik betreiben, wenn sein Problem zum Gegenstand örtlicher Wahlkämpfe werde.

→S.105 Am 14. Februar 1947 schließlich beschloss das britische Kabinett, das Palästinaproblem der **UNO** zu übergeben – ohne Empfehlung für eine mögliche Lösung. Die UNO setzte daraufhin am 15. Mai 1947 eine Sonderkommission für Palästina ein (UN-Special Committee on Palestine: UNSCOP). Es bleibt nach wie vor eine offene Frage, ob Großbritannien bei dieser Entscheidung damit spekulierte, dass die UNO möglicherweise das Mandat an London zurückgeben würde – diesmal allerdings ohne die Verpflichtung, eine »nationale Heimstätte« für das jüdische Volk zu errichten. Wie dem auch sei, niemand glaubte daran, dass der Sonderausschuss eine Teilung des Landes empfehlen werde, zumal auch die Sowjetunion dagegen war.

Das Ganze spielte sich zu einem Zeitpunkt ab, als Truman im März vor dem Kongress jene Rede hielt, die als »Truman-Doktrin« in die

Geschichte des Ost-West-Konfliktes eingegangen ist und mit der der Kalte Krieg offen ausbrach. Von daher reagierten Briten und Amerikaner äußerst misstrauisch, als der sowjetische UNO-Vertreter Andrej Gromyko am 14. Mai erklärte, das Streben der Juden nach Gründung ihres Staates sei »berechtigt«; eine Verweigerung wäre »nicht zu rechtfertigen, besonders unter Berücksichtigung dessen, was sie im Zweiten Weltkrieg erlebt hätten«. Er sprach zwar auch von den berechtigten Interessen beider Völker, und von daher sei in erster Linie ein binationaler Staat anzustreben; aber falls dies nicht möglich sei, solle das Land geteilt werden. Auf sowjetischen Antrag wurde die Zahl der Kommissionsmitglieder von sieben auf elf erhöht.

Die Kommission hielt sich mehrere Wochen in Palästina auf, wo das arabische Hochkomitee einen arabischen Staat Palästina forderte. Da dies offenbar nicht mehr machbar war, lehnte es jede Zusammenarbeit mit UNSCOP ab. Auch die arabischen UNO-Mitglieder beharrten auf einem arabischen Einheitsstaat, während die Jewish Agency mit UNSCOP zusammenarbeitete. Dass auf zionistischer Seite Teilung nicht gleich Teilung war, machte Menachem Begin bei einem geheimen Treffen klar: Er forderte ganz Palästina plus Transjordanien für diesen Staat.

Die Untersuchung der Kommission wurde von zwei gravierenden Ereignissen überschattet. Zum einen erhängte Begins Untergrundorganisation Irgun zwei britische Unteroffiziere, nachdem zuvor drei Irgun-Kämpfer getötet worden waren. Zum anderen gab es das Drama um das Flüchtlingsschiff »Exodus 1947« mit 4393 Holocaust-Überlebenden an Bord. Das Schiff wurde von den Briten aufgebracht und erreichte am 18. Juli Haifa; die Flüchtlinge durften nicht an Land. Es spielten sich furchtbare Szenen ab – und dies unter den Augen der UNO-Kommissionsmitglieder, die am Kai standen. Mit der Zusage, nicht zurückgeschickt, sondern in Zypern interniert zu werden, konnten die Flüchtlinge dazu gebracht werden, auf drei britische Transportschiffe umzusteigen. Nach sieben Tagen gingen diese Schiffe allerdings in Port de Bouc in Frankreich – dem Ausgangshafen der »Exodus« – vor Anker. Die Passagiere weigerten sich, von Bord zu gehen. Die Schiffe fuhren dann nach Hamburg, und die Juden landeten wieder als DPs in den Camps.[35]

Am 31. August legte UNSCOP ihren Bericht vor. Die Mehrheit – Guatemala, Kanada, Niederlande, Peru, Schweden, Tschechoslowakei und Uruguay – empfahl die Teilung in einen arabischen und einen jüdischen Staat mit Jerusalem unter internationaler Treuhänderschaft. Die Minderheit – Indien, Iran und Jugoslawien – schlug einen unabhängig-föderalistischen Staat vor (Australien Enthaltung).

Am 20. September beschloss daraufhin das britische Kabinett offiziell den Rückzug aus Palästina – gegen die Bedenken der Militärs, die den Zorn der Araber und damit den Verlust der Ölfelder fürchteten. Am 13. Oktober ließen dann die Sowjets erkennen, dass sie für die Teilung waren. Was sie möglicherweise erhofften, beunruhigte den britischen Generalstab: dass nach dem Rückzug der Briten ein kommunistisches Regime in Palästina errichtet würde, möglicherweise ein sowjetischer Brückenkopf, um so den Nahen Osten zu destabilisieren, amerikanischen Einfluss zurückzudrängen und einen Präzedenzfall für ähnliche Aktionen in Kurdistan, Aserbaidschan und sogar in Mazedonien zu bilden. Am 29. November 1947 sprach sich die UNO-Generalversammlung mit 33 Stimmen (unter ihnen die USA, Frankreich und die Sowjetunion) gegen 13 Stimmen (die arabischen Staaten sowie Kuba, Griechenland und Indien) bei zehn Enthaltungen (unter ihnen Großbritannien und China) in der Resolution 181 für die Teilung aus. Damit war die notwendige Zweidrittelmehrheit erreicht.

Truman hat später in seinen Memoiren geschrieben, dass in keinem anderen Fall so viel Druck und Propaganda auf das Weiße Haus ausgeübt worden seien wie bei dieser Entscheidung. Einige Stimmen wurden tatsächlich mit Druck, Geld und Boykottdrohungen erkauft. Während die Juden in Palästina auf den Straßen tanzten, gab es in

Juli 1947: Die »Exodus 1947« mit Überlebenden des Holocaust im Hafen von Haifa.

Washington im State Department und bei den Vereinigten Stabs-chefs Bedenken gegen die Teilung. Man fürchtete den Hass der Ara-ber, möglicherweise kein Öl, Schwierigkeiten bei der Durchführung des Marshallplanes, sowjetische Penetration des gesamten Gebietes und eine vollkommene Destabilisierung der gesamten Region. Ähn-lich sah das auch der amerikanische Geheimdienst CIA: Eine Teilung sei nicht möglich, der Fehlschlag schon erkennbar. Am 28. Februar 1948 schlug er eine Treuhänderschaft Palästinas durch die USA, Großbritannien und Frankreich vor.

Das war wenige Tage nach dem kommunistischen Umsturz in Prag. Alle Befürchtungen auf westlicher Seite wurden bestätigt, als die Sowjetunion die entsprechende Beratung des amerikanischen Plans in der UNO blockierte. Truman neigte zunächst der Treuhän-derschaftsidee zu, traf dann aber am 18. März Weizmann, der ihn von der Notwendigkeit des jüdischen Staates überzeugen konnte. Gegen den Widerstand des State Department, und hier insbesondere von

Außenminister Marshall, war er jetzt sogar für eine sofortige Anerkennung des neuen Staates; zum einen, um den Sowjets zuvorzukommen, zum anderen aus innenpolitischen Gründen: Truman hatte keine besondere Sympathie für die Juden, aber er wollte wiedergewählt werden. Im Herbst standen Präsidentschaftswahlen an. Es galt, die 4,6 Millionen jüdischen Stimmen zu gewinnen. US-Innenpolitik bestimmte wieder einmal die Entwicklung im Nahen Osten.

Freitag, 14. Mai 1948, um Mitternacht, endete nach 26 Jahren das britische Mandat über Palästina. Acht Stunden vorher, um 16.00 Uhr, trat der Jüdische Nationalrat im Stadtmuseum von Tel Aviv zusammen. Da am Freitagabend bei Sonnenuntergang der Sabbath beginnt, musste vorher gehandelt werden, daher 16.00 Uhr. Unter einem überlebensgroßen Porträt von Theodor Herzl, links und rechts blau-weiße Fahnen mit dem Davidstern, verkündete Ben Gurion die Errichtung des Staates Israel, kraft des »natürlichen und historischen Rechts des jüdischen Volkes und aufgrund des Beschlusses der UNO-Vollversammlung«. Elf Minuten nach Inkrafttreten der Unabhängigkeitserklärung erkannten die USA den neuen Staat de facto an. (De jure war die Sowjetunion der erste Staat, der Israel anerkannte, und zwar am 18. Mai.)[18]

Am nächsten Tag griffen Truppen aus dem Libanon, Ägypten, Jordanien, Syrien und dem Irak Israel an. Der erste **israelisch-arabische Krieg** hatte begonnen.

→ S.78

Von der Gründung Israels bis zum Sechstagekrieg

Die Niederlage der arabischen Staaten im ersten israelisch-arabischen Krieg, der in Israel »Unabhängigkeitskrieg« heißt, hatte in mehrfacher Hinsicht Konsequenzen. Zum einen gab es jetzt ein ungeheures Flüchtlingsproblem: 700 000 Palästinenser waren geflohen beziehungsweise vertrieben worden. Sie und die arabischen Staaten waren jetzt erst recht entschlossen, Israel zu vernichten.

Freitag, 14. Mai 1948. Noch vor Ablauf des britischen Mandats um Mitternacht und vor Beginn des Sabbath versammeln sich um 16.00 Uhr die Mitglieder des Jüdischen Nationalrates im Stadtmuseum von Tel Aviv, wo Ben Gurion unter dem Porträt Theodor Herzls die Unabhängigkeitserklärung des Staates Israel verliest.

Jene Führer, die man für die Niederlage verantwortlich machte, wurden durch Militärputsche und Revolutionen beseitigt. Den Anfang machte Syriens Stabschef Husni Zaim, der im März 1949 mit einem Staatsstreich Vorbild für andere war. Im Juli 1951 wurde König Abdullah I. von Jordanien von einem Palästinenser beim Betreten der Al-Aksa-Moschee in Jerusalem ermordet; ein Jahr später wurde sein in Großbritannien erzogener Enkel Hussein, der den Mord mit angesehen hatte, zum Nachfolger ernannt. Am wichtigsten für die weitere Entwicklung aber war der Staatsstreich der »freien Offiziere«, die im Juli 1952 König Faruk I. von Ägypten stürzten. Mit dabei war Gamal Abd el Nasser. Er hatte als Offizier im Krieg gegen Israel gekämpft, gewann im »Rat der Revolution« dann eine beherrschende Stellung und wurde 1954 Staatspräsident. Er sah sich als Führer eines neuen arabischen Nationalismus. Das bedeutete zunächst das Ende der britischen Präsenz in Ägypten. Im Oktober 1954 wurde der Rückzug der britischen Truppen aus der Suezkanalzone vereinbart.

Das überragende Ziel der Amerikaner – und in gewisser Weise auch der Briten – zu diesem Zeitpunkt war es, beinahe um jeden Preis sowjetischen Einfluss im Nahen Osten zu verhindern. Die Briten schlossen zu diesem Zweck 1955 eine regionale Verteidigungsallianz ab, die den Irak, die Türkei, den Iran und Pakistan einschloss. Dieser so genannte Bagdad-Pakt wurde weitgehend von den USA finanziert. Der Iran war Mitglied geworden, nachdem bereits 1953 mit Hilfe der CIA und des britischen MI 6 Mohammed Mossadegh gestürzt worden war, der die Anglo-Iranian Oil Company nationalisiert hatte. Der Schah, der während der Krise ins Ausland geflüchtet war, kehrte zurück und wurde zum verlässlichen Verbündeten des Westens. Nasser betrachtete den Bagdad-Pakt als einen Versuch der Anglo-Amerikaner, ihren Einfluss im Nahen Osten auf Dauer festzuschreiben. Für die arabischen Staaten stellte Israel die größere Bedrohung dar als die Sowjetunion. Von daher waren sie mit Ausnahme des Irak nicht bereit, dem Pakt beizutreten. Drei Tage nach dessen Gründung am 28. Februar 1955 schienen sich arabische Befürchtungen zu bestätigen, als bei einem Kommandounternehmen israelischer Fallschirmjäger im Gazastreifen 40 ägyptische Soldaten getötet und zahlreiche weitere verwundet wurden.[18]

Um sein »neues Ägypten« aufzubauen, brauchte Nasser Geld und Waffen. Von den Briten war das nicht zu haben, auch die Amerikaner lehnten ab: Churchill hatte Präsident Eisenhower klargemacht, dass es nicht angemessen sei, der ägyptischen Armee Waffen zu liefern, mit denen britische Soldaten getötet würden, die gemeinsam mit Amerikanern im Weltkrieg gekämpft hätten. Es gab noch einen anderen Grund für die ablehnende Haltung: In den Kongresswahlen 1954 hatten die Republikaner Stimmen verloren. Politische Analysten

This Government has been informed that a Jewish state has been proclaimed in Palestine, and recognition has been requested by the *provisional* Government thereof.

The United States recognizes the provisional government as the de facto authority of the new *State of* Israel.

Harry Truman

approved.
May 14, 1948.

6:11

Elf Minuten nach der Ausrufung des Staates Israel durch Ben Gurion in Tel Aviv erkennt US-Präsident Harry S. Truman den neuen Staat an. Zehn Monate zuvor, am 21. Juli 1947, hatte er in sein erst im Juli 2003 entdecktes Tagebuch u. a. geschrieben: »Die Juden, finde ich, sind sehr, sehr selbstsüchtig. [›The Jews, I find, are very, very selfish.‹] Sie bewegt es nicht, wie viele Esten, Letten, Finnen, Polen, Jugoslawen oder Griechen ermordet oder als DP [Displaced Persons, Flüchtlinge] misshandelt werden, wenn sie nur als Juden ihre besondere Behandlung bekommen. Wenn sie aber Macht besitzen, ob physischer, finanzieller oder politischer Art, haben ihnen weder Hitler noch Stalin an Grausamkeit oder schlechter Behandlung des Under-dogs etwas voraus ...«

erklärten dies mit der Unzufriedenheit der Zionisten mit der Politik von US-Außenminister John Foster Dulles, Ägypten im westlichen Lager zu halten. Als dann im Frühjahr 1955 Nasser mit Nachdruck eine neutralistische Politik verfolgte und auf der Konferenz der nicht gebundenen Staaten in Rangun mit dem Ministerpräsidenten der Volksrepublik China, Tschu en-Lai, über mögliche Waffenlieferungen sprach, kam ein klares Veto aus Washington. Zu diesem Zeitpunkt bedrohten die kommunistischen Chinesen die Inseln Quemoy und Matsu.

Nassers Rangun-Aktion sah wie eine Einladung an die Sowjets aus, die von nun an ihren Einfluss in einem der wichtigsten Länder des Nahen Ostens kontinuierlich ausbauten. Da aber nach der Gipfel-konferenz in Genf vom Juli 1955 »Tauwetter« im Kalten Krieg ange-sagt war, mussten die sowjetischen Waffenlieferungen über die Tschechoslowakei abgewickelt werden. Ein entsprechendes Abkom-men wurde am 27. September 1955 geschlossen; ein Jahr später hat-ten die Sowjets bereits 200 MIG-Düsenjäger, 100 Panzer und sechs U-Boote geliefert. Noch im Oktober 1955 wurde auch ein gemeinsa-mes Militärkommando zwischen Ägypten und Syrien errichtet, dem sich wenig später auch Jordanien – das ehemalige Transjordanien – anschloss. Bereits vorher, am 12. September 1955, hatte Ägypten die Straße von Tiran am Ausgang des Roten Meeres für israelische Schif-fe und den Luftraum über dem Golf von Akaba sperren lassen. Die Flüge der israelischen El Al-Airlines nach Südafrika mussten darauf-hin eingestellt werden. Gleichzeitig verstärkten sich die Angriffe ara-bischer Feddajin (arab.: »Die sich selbst aufopfern«) gegen Israel. 1955 wurden allein 260 Israelis getötet; das brachte die Zahl auf ins-gesamt 1000 (von 1951 bis 1955). Zu diesem Zeitpunkt gab es israeli-sche Überlegungen für einen Präventivschlag gegen Ägypten – bevor die Sowjets das Land aufgerüstet hatten –, während Radio Kairo bereits jetzt von einer möglichen Niederlage Israels sprach.

Nasser sah sich als Führer aller Araber und Moslems. Damit aber bedrohte er vor allen Dingen auch Frankreichs Interessen in Algerien, wo am 1. November 1954 die Moslems den offenen Aufstand aus-gerufen hatten. Deren Hauptquartier befand sich in Kairo, Nasser sorgte für Waffen im Algerienkrieg. Frankreich wurde jetzt zum neuen Verbündeten und zum größten Waffenlieferanten Israels – inklusive Atomtechnologie! Beide Länder hatten das gleiche Ziel: die Beseitigung Nassers.[31]

1956 spitzte sich die Lage zu. Als Nasser im Mai das kommunistische China anerkannte, war auch für Dulles klar, dass Nasser gehen, zumindest aber seine Politik ändern musste. Ein Druckmittel schien jenes Projekt zu sein, mit dem der ägyptische Staatspräsident sein Land ins Industriezeitalter katapultieren wollte: der Assuan-Staudamm. Der größte Teil des Geldes dafür sollte aus den USA kommen. Dort aber waren die Zionisten aus politischen Gründen und die Vertreter der Südstaaten mit ihrer Baumwolle-Klientel, die die zukünftige ägyptische Konkurrenz fürchtete, gegen dieses Projekt. Daraufhin nationalisierte Nasser am 26. Juli 1956 kurzerhand die Suezkanal-Gesellschaft. In London wurde das so interpretiert, wie es auch gemeint war: als ein Schlag gegen den britischen Imperialismus. Am nächsten Tag betonte Premierminister Anthony Eden im Kabinett, der Kanal sei lebenswichtig für Großbritannien und Europa; zwei Drittel des Öls würden durch ihn transportiert; man dürfe Nasser nicht erlauben, »seine Hand an unserer Gurgel zu haben«. Die Lösung hieß: militärische Intervention. Als Dulles klarmachte, dass »die USA nicht die Absicht haben, sich den Weg durch den Suezkanal freizuschießen«, blieben als Bündnispartner nur Frankreich übrig – und Israel.

Die Pläne sahen einen israelischen Angriff auf Ägypten bis zum Suezkanal vor. Großbritannien und Frankreich würden dann Ägypten und Israel ultimativ auffordern, die Kampfhandlungen einzustellen und sich auf zehn Meilen vom Kanal zurückzuziehen. Würde Ägypten, wie erwartet, das Ultimatum ablehnen, würden anglo-französische Truppen ihren Angriff beginnen. Gemeinsames Ziel war der Sturz Nassers. Was Briten und Franzosen nicht wussten, war, dass es den Israelis weniger um den Suezkanal ging als um die Einnahme des Sinai inklusive Gazastreifen und die Sicherung der Straße von Tiran. Sie betrachteten – und betrachten – das ganze Unternehmen daher auch als großen Erfolg, während es für Briten und Franzosen ein Desaster wurde.

Entscheidend war dabei, dass Eden US-Präsident Eisenhower ganz bewusst hintergangen hatte, was dieser persönlich nahm. Es kam zu dem eher seltenen Schauspiel, dass die USA und die Sowjetunion im UNO-Weltsicherheitsrat einen gemeinsamen Antrag einbrachten, der das Suez-Unternehmen stoppte. Dies geschah zu einem Zeitpunkt, als die Sowjets den Ungarnaufstand gewaltsam niederschlugen. Gleichzeitig erklärte Moskau, die Sowjetunion sei entschlossen, »mit der Anwendung von Gewalt die Aggressoren zu vernichten und den Frieden im Nahen Osten wiederherzustellen«. Man werde Großbritannien und Frankreich mit Atombomben vernichten. Der sowjetische Regierungschef Nikolai Bulganin warnte Eisenhower, die Kämpfe im Nahen Osten könnten zu einem Weltkrieg führen, und schlug vor, gemeinsam mit den USA militärisch einzuschreiten. Diesen Vorschlag wies Eisenhower allerdings verärgert zurück. Neben → S.105 der **UNO** verstärkten die USA den Druck auf das britische Pfund und drohten Großbritannien mit Ölsanktionen. Das war das militärische Ende der Aktion, gleichzeitig das politische Ende von Eden, aber auch das definitive Ende der britischen Hegemonialstellung im Nahen Osten. An deren Stelle traten nun die USA.

→ S.84 Der **Suezkrieg** führte nicht zum Sturz, sondern zu einem politischen Sieg Nassers, dessen Prestige in den folgenden Jahren in der arabischen Welt noch stieg – verbunden mit der Furcht Washingtons, dass der sowjetische Einfluss im Nahen Osten damit ebenfalls zunehmen würde. Sowjets und Ägypter würden »subversiv« tätig werden, mit dem Ziel einer direkten Bedrohung der amerikanischen Interessen in dieser Region. Das Ergebnis war die so genannte Eisenhower-Doktrin vom März 1957, durch die die Administration ermächtigt wurde, militärisch gegen eine vom »internationalen Kommunismus gesteuerte Aggression« eines Landes im Nahen Osten – gemeint waren die Sowjetunion und Ägypten – vorzugehen, und Wirtschafts- und Militärhilfe jenen Staaten dort zu gewähren, die bereit waren, sowjetischem Druck zu widerstehen. Diese Unterstützung wurde schon bald auf andere Länder ausgeweitet. 1958 standen etwa 45 Staaten auf der Liste.

Als am 14. Juli 1958 General Abd al-Karim Kasim in Bagdad putschte, gingen einen Tag später auf Ersuchen des libanesischen Präsidenten 5000 US-Marines in Beirut an Land. Kurz darauf landeten britische Fallschirmjäger in Amman, wo König Hussein westliche Hilfe angefordert hatte. Es galt, Jordanien und Libanon unter Einsatz militärischer Mittel als pro-westliche Restbastionen zu erhalten. Israel stand in Bereitschaft. Ben Gurion nutzte die Situation und bestärkte Eisenhower in dessen Sicht der Dinge, wonach die Region durch Kommunismus und Nasser bedroht war. Bereits im Oktober endete allerdings die amerikanische Militärpräsenz im Libanon.

In Washington ging es damals um die Frage, ob Israel militärisch, politisch und moralisch für die USA von Vorteil sei, sozusagen als Bollwerk gegen die sowjetische Durchdringung des Nahen Ostens, das die Nachteile mit Blick auf die Araber aufwiege. Dieser Sicht der so genannten »Globalisten« stand die Sicht der »Regionalisten« gegenüber, die Israel eher als Belastung sahen. Israel, so argumentierten sie, öffne gerade die Türe für eine sowjetische Penetration des Nahen Ostens und verhindere dadurch gute Beziehungen zwischen den USA und den arabischen Ländern. Erst der **Sechstagekrieg** im → S.89 Juni 1967 beendete diese Diskussion. Dieser Krieg war nicht nur ein Wendepunkt für die USA, sondern für alle am arabisch-israelischen Konflikt Beteiligten. Von nun an galt in Washington jedenfalls bei allen Überlegungen: Israel zuerst, was auch ein Erfolg der starken jüdischen Lobby in den USA war.[29]

In den Jahren zuvor hatte Israel von anderer Seite massive finanzielle und militärische Unterstützung erhalten: von der Bundesrepublik Deutschland 3,45 Mrd. DM, zahlbar in 14 Jahresraten – zumeist in Sachgütern –, aus dem so genannten Luxemburger Abkommen von 1952. In der Suezkrise stand Bundeskanzler Konrad Adenauer auf der Seite Israels. Seit 1958 wurden Waffen geliefert; nach dem spektakulären Treffen zwischen Adenauer und Ben Gurion im März 1960 in New York ab 1961 in großem Stil – streng geheim unter dem Decknamen »Frank./Kol.« Gleichzeitig bauten deutsche Ingenieure in Ägypten Raketen für Nasser, der sie gegen Israel einsetzen wollte.

Eine neue Phase begann Mitte 1964, als die USA Bonn baten, schweres Kriegsmaterial, unter anderem 150 amerikanische M48-Panzer, an Israel zu liefern. Die USA wollten im Hintergrund bleiben, was aus ihrer Sicht verständlich war, rüsteten sie doch gerade die jordanische Armee auf. Als Informationen über den Panzerdeal durchsickerten, war der Skandal perfekt. Nasser protestierte und lud den DDR-Staatsratsvorsitzenden Walter Ulbricht nach Kairo ein. Das Ergebnis war letztlich die Aufnahme diplomatischer Beziehungen zwischen Bonn und Israel 1965 und ein Ende der Waffenlieferungen. Die 60 Panzer, die bereits geliefert worden waren, bewährten sich »hervorragend« im Sechstagekrieg, wie ein israelischer Generalstabsoffizier im Juni 1967 dem deutschen Botschafter Rolf Pauls versicherte.

Vom Sechstagekrieg bis zur »Prinzipienerklärung« von Oslo

→ S. 89 Nach dem **Sechstagekrieg** verschärften sich die Spannungen im Nahen Osten. Innerhalb von 18 Monaten füllte die Sowjetunion das Waffenarsenal ihrer geschlagenen arabischen Partner wieder auf, während die USA eine strategische Partnerschaft mit Israel eingingen. Ziel der amerikanischen Politik war es, wie der Nationale Sicherheitsberater von Präsident Nixon, Henry Kissinger, auf einer internen Sitzung feststellte, die Sowjets aus dem Nahen Osten zu vertreiben.

Die Arabische Liga verkündete auf ihrem Gipfel im September 1967 ein dreifaches Nein: nein zum Frieden mit Israel, nein zur Anerkennung Israels und nein zu Verhandlungen mit Israel. Man sprach sich für Aktionen zur Sicherung der Rechte der Palästinenser aus. Für die war die Niederlage der arabischen Staaten eine tiefe Zäsur im politischen Bewusstsein. Drei Jahre zuvor war in Kairo die Palästinensische Befreiungsorganisation (PLO) gegründet worden. Im Juli 1968 verabschiedete der palästinensische Nationalrat, das oberste Organ der PLO, das so genannte Palästinensische Manifest, in dem unter anderem festgestellt wurde, dass die Teilung Palästinas 1947 und die Gründung Israels »von Grund auf null und nichtig« seien, genauso wie die **Balfour-Deklaration** und der Mandatsvertrag und »alles, was → S. 73 darauf gegründet wurde«. Gleichzeitig betonten führende Israelis, dass Israel nicht bereit sei, der Aufforderung der UNO-Resolution 242 – »Rückzug aus besetzten Gebieten« – nachzukommen, und Verteidigungsminister Moshe Dajan stellte klar, dass Israel »bis ans Ende aller Tage« die Westbank behalten werde; falls dies den Palästinensern nicht gefalle, »können sie ja in ein anderes arabisches Land gehen«. Das »neue Israel« reiche vom Jordan bis zum Suezkanal.

Dass das nicht so einfach sein würde, zeigte der Abnutzungs- und Zermürbungskrieg am Suezkanal, der Israel seit Ende 1967 mehr Tote kostete als der Sechstagekrieg. »Die langen Jahre der Sicherheit«, wie Israels Ministerpräsident Rabin das später einmal formulierte, kamen jedenfalls nicht. Dass es inzwischen auch ein arabisch-arabisches Problem gab, wurde deutlich, als die PLO versuchte, König Hussein von Jordanien zu ermorden und das Land zu übernehmen. Hussein ging im September 1970 massiv gegen die Palästinenser vor; an dem so genannten »Schwarzen September« wurden etwa 20 000 Palästinenser getötet. Israel sorgte dafür, dass Syrien nicht in diesen Konflikt eingriff; die PLO zog sich in den Libanon zurück.[70]

Im September 1970 starb Nasser; sein Nachfolger Anwar as-Sadat war einer jener »freien Offiziere« des Jahres 1952 gewesen, und mit ihm kam in mehrfacher Hinsicht Bewegung in den Nahostkonflikt. Für ihn war klar, dass Israel Zugeständnisse nur machen würde, wenn erstens Washington das wollte, und zweitens Washington die Furcht vor einem verstärkten sowjetischen Engagement genommen würde. Sadats erste Kursänderung betraf die Sowjets in Ägypten: Alle 17 000 sowjetischen »Berater« mussten im Juli 1972 innerhalb von einer Woche das Land verlassen. Im trügerischen Gefühl der absoluten militärischen Überlegenheit lehnte Israel Kompromissangebote Sadats – Teilrückzug der Israelis und Wiedereröffnung des Suezkanals – ab. Daraufhin entschloss sich Sadat zum Krieg.

Am 6. Oktober 1973, Yom Kippur, dem höchsten jüdischen Feiertag, starteten Ägypten und Syrien ihren Angriff gegen Israel, das im Gefühl des Sieges von 1967 vollkommen überrascht wurde und in der Anfangsphase schwere Verluste hinnehmen musste. Das führte zu einer gefährlichen Zuspitzung der Lage, bis Israel die Initiative übernehmen konnte und sogar die Einnahme Kairos drohte. Wieder erlitten die Ägypter schwere Verluste, wieder drohten die Sowjets mit Intervention. Sie setzten sieben Luftlandedivisionen in Alarmbereitschaft – 50 000 Mann – und zogen 85 Schiffe im östlichen Mittelmeer zusammen, während die USA ihre Truppen weltweit in Alarmbereitschaft versetzten und den Einsatz von Atomwaffen vorbereiten ließen. Am 24. Oktober wurden die Kämpfe eingestellt. Zuvor hatten die arabischen Staaten erstmals Erdöl als Waffe eingesetzt und am 17. Oktober ein Ölembargo gegen mehrere westliche Staaten verhängt.

Eine Erkenntnis des Yom Kippur-Krieges war, dass Israel offensichtlich nicht unbesiegbar war. (Es hatte 2300 Tote zu beklagen, siebenmal mehr als im Sechstagekrieg; Ägypten und Syrien zusammen etwa 15 000.) Daraus ergab sich auch für Washington eine neue Situation: Bei einer möglichen Friedensregelung sollte von nun an auch die arabische Seite stärker mit eingebunden werden. Außenminister Kissinger begann jene berühmte Shuttle-Diplomatie, an deren Ende

1974/75 ein Teilrückzug Israels aus dem Sinai und dem Golan und die Errichtung von UN-Pufferzonen standen. Als Gegenleistung versprachen die USA umfangreiche Militär- und Wirtschaftshilfe. George Ball, Unterstaatssekretär bei Kennedy und Johnson, meinte dazu, das Abkommen gleiche einem »riesigen Immobiliengeschäft«, bei dem die USA Israel ein kleines Stück Sinaiwüste abgekauft hätten und dafür eine ungeheure finanzielle und politische Gegenleistung erbracht hätten, und dann Ägypten etwas dafür zahlten, dass es diese Lösung akzeptierte.[29]

US-Präsident Carter versuchte sich dann an einer umfassenden Lösung des Nahostproblems. Er war der erste US-Präsident, der öffentlich das Recht der Palästinenser auf Heimat anerkannte. Bei seinem Friedensplan sollten auch die Sowjets beteiligt werden. Die neue israelische Regierung unter dem konservativen Likud-Ministerpräsidenten Menachem Begin sah das anders, genauso wie die jüdische Lobby in den USA. Ohne Unterrichtung Carters bot Israel Ägypten einen separaten Frieden an. Begin war bereit, die Sinai-Halbinsel zurückzugeben, falls Ägypten Israel diplomatisch anerkennen würde. Sadat, für den klar war, dass die USA, wie er einmal sagte, »99 Prozent aller Karten im Nahen Osten in Händen halten«, akzeptierte das Angebot und machte im November 1977 seinen historischen Besuch in Jerusalem – mit einer Rede in der Knesseth.

Die übrigen arabischen Staaten waren genauso wenig beteiligt wie die Palästinenser und die Sowjets, die der Carter-Regierung falsches Spiel unterstellten. Der sowjetische Außenminister Andrej Gromyko sprach sich denn auch öffentlich gegen den Sadat-Besuch in Jerusalem aus. Die Gespräche zwischen Israel und Ägypten erreichten einen Höhepunkt bei einem Gipfeltreffen in Camp David im September 1978 und dem Friedensvertrag, der dann im März 1979 unterzeichnet wurde. Carter unterstützte diese Bemühungen öffentlich, womit jede umfassende Lösung des Problems verhindert wurde.

Die Carter-Administration wollte einen Block von pro-westlichen Staaten in der Region aufbauen; dazu dienten massive Waffenlieferungen und wirtschaftliche Hilfe. Dieser Block bestand aus Ägypten und Israel, schloss aber auch Saudi-Arabien und den Iran ein. Im Jahr 1978 erhielten der Iran, Israel und Saudi-Arabien zusammen allein drei Viertel aller amerikanischen Waffenlieferungen in die Dritte Welt.

Diese Politik erfuhr im Januar 1979 einen schweren Rückschlag. Der Iran, den Carter bei seinem Besuch in Teheran Ende 1977 noch als eine »Insel der Stabilität« bezeichnet hatte, ging verloren. Schah Mohammad Reza Pahlevi, der mit Hilfe der CIA 1953 den Thron zurückerobert hatte, wurde vertrieben. Ayatollah Khomeini errichtete eine fundamentalistische islamische Republik. Für die USA war damit auch die Stabilität ihrer konservativen Verbündeten im Golf bedroht. Die sowjetische Invasion in Afghanistan im Dezember 1979 verstärkte die amerikanischen Befürchtungen. In einer Rede an die Nation formulierte der amerikanische Präsident dann im Januar 1980 das, was später »Carter-Doktrin« genannt wurde: Jeder Versuch von irgendeiner Macht, die Kontrolle am Persischen Golf zu übernehmen, werde »als Angriff auf die Interessen der USA betrachtet und mit allen Mitteln, einschließlich militärischer Gewalt, zurückgeschla-→ S. 98 gen«. Noch im selben Jahr begann der Angriff des **Irak** auf den Iran, der zum längsten und blutigsten Krieg in der Region werden sollte.

Wenig später begann der fünfte Nahostkrieg. Die Likud-Regierung mit Verteidigungsminister Ariel Sharon nutzte die – ihrer Meinung nach – Gunst der Stunde: Die Sowjets in Afghanistan, die Gegenoffensive des Iran und der Falklandkrieg beherrschten die Schlagzeilen.

Am 6. Juni 1982 begann die israelische Invasion des Libanon, die so genannte Operation »Friede für Galiläa«. Das Ziel war die Vertreibung der PLO und der syrischen Armee aus dem Land und die Errichtung einer Israel-freundlichen Regierung. Am 24. Juni wurde Beirut eingeschlossen. Während der anschließenden zweimonatigen Blockade wurde die Stadt permanent unter Artilleriefeuer genommen

September 1978: Anwar as-Sadat (Ägypten), US-Präsident Jimmy Carter und Menachem Begin (Israel) nach Unterzeichnung des Abkommens von Camp David, das zum Frieden zwischen Israel und Ägypten führt.

und aus der Luft bombardiert. PLO-Führer Yassir Arafat stimmte schließlich der Evakuierung seiner Kampfeinheiten nach Tunis zu. Der amerikanische Vermittler Philip Habib hatte die Konditionen dafür ausgehandelt. Eine multinationale Streitmacht – 800 Amerikaner, 800 Franzosen, 400 Italiener – sollte die Aktion absichern, die am 4. September beendet war. Als die Israelis dann Beirut besetzten, verübten libanesische Milizen in den palästinensischen Flüchtlingslagern Sabra und Shatila ein blutiges Massaker, bei dem etwa 3000 Männer, Frauen und Kinder ermordet wurden. Erstmals gab es damals in Israel Proteste gegen die Aktionen der Armee.[70]

Die ursprünglichen Ziele der Invasion wurden nicht erreicht. Viele palästinensische Kämpfer kamen rasch zurück. Auf ihr Konto geht auch das Selbstmordkommando vom 23. Oktober 1983 gegen das Hauptquartier der Amerikaner in Beirut. 241 US-Soldaten fanden dabei den Tod. US-Präsident Reagan hatte zwar ein Jahr zuvor von den Israelis das Ende der Bombardierung Beiruts gefordert, aber an der grundsätzlich pro-israelischen Haltung seiner Administration hatte sich nichts geändert. Von 1980 bis 1989 erhielt Israel Militärhilfe in Höhe von 28 Mrd. Dollar. Das PLO-Büro bei der UNO in Washington wurde geschlossen, niemand schien sich mehr für das Schicksal der Palästinenser zu interessieren. Im Mittelpunkt stand der Krieg Irak/Iran. Angesichts der Hoffnungslosigkeit der Palästinenser in den besetzten Gebieten unter der israelischen Besatzung entstand im Dezember 1987 das, was als Intifada in die Geschichte des Nahostkonfliktes eingegangen ist. Auf Arabisch bedeutet das Wort »Erhebung«, »Abschütteln«. Dieser Massenprotest gegen die israelische Besatzungspolitik, für den die israelischen Soldaten nicht ausgebildet waren, führte letztlich auch auf israelischer Seite zu einem Umdenken.

Am 20. August 1988 trat der Waffenstillstand zwischen dem Irak und dem Iran in Kraft. Fast auf den Tag genau zwei Jahre später, am 2. August 1990, überfielen irakische Truppen Kuwait. Am 17. Januar 1991 begann auf der Basis einstimmiger UNO-Sicherheitsratsbeschlüsse unter Führung der USA die Operation »Wüstensturm« (»Desert Storm«). Sie dauerte 42 Tage und endete mit einer totalen Niederlage des irakischen Diktators. Am 12. August 1990 hatte Hussein den Rückzug seiner Truppen aus Kuwait mit dem gleichzeitigen Rückzug Israels aus den besetzten arabischen Gebieten verknüpft. Die USA hatten dies abgelehnt. Als irakische Scud-Raketen auf Tel Aviv und Haifa niedergingen, starteten die USA die größte militärische Hilfsaktion für Israel seit dem Yom Kippur-Krieg: 30 Galaxy-Großtransporter brachten amerikanische »Patriot« Boden-Luft-Abwehrraketen nach Israel. Nach dem Krieg gegen Hussein, bei dem sich Arafat auf die Seite Husseins geschlagen hatte, schien für die USA der Moment gekommen, eine neue Nahost-Initiative zu ergreifen.

Ende Oktober 1991 begannen in Madrid Gespräche zwischen Israelis und Arabern, wobei die Israelis jeweils separat mit Delegationen aus dem Libanon, Syrien und einer gemeinsamen jordanisch-palästi-

Dezember 1987: Beginn der 1. Intifada gegen die israelische Besatzungspolitik in der Westbank und im Gazastreifen. Titelbild der Sonderausgabe der führenden israelischen Tageszeitung Ha'aretz zum Passah-Fest 1988 mit der Überschrift »Hitna'arut« (hebr. für Intifada) und dem Untertitel »Die Gebiete im 21. Jahr« (der Besetzung).

nensischen Delegation verhandelten. Die Gespräche waren in mehrfacher Hinsicht historisch: Erstmals gab es offizielle direkte Verhandlungen auf der Basis der UNO-Resolutionen 242 und 338 (»Rückzug aus besetzten Gebieten«) sowie dem Camp David-Abkommen von 1978. Die Konferenz verlief erfolglos. Shamirs Ziel war es, so meinte er ein Jahr später intern, »die Verhandlungen über palästinensische Selbstverwaltung zehn Jahre lang hinauszuziehen, während versucht werden sollte, Hunderttausende Juden in den besetzten Gebieten anzusiedeln«. Zwei Jahre zuvor hatte seine Regierung einen »Plan 2010« vorgelegt, der bis zum Jahr 2010 eine verstärkte Siedlungspolitik vorsah, an deren Ende in den besetzten Gebieten 2,6 Millionen Juden leben sollten. Shamir blieb in den Madrider Verhandlungen unbeweglich, selbst als US-Präsident George Bush damit drohte, einen zehn Milliarden Dollar-Kredit zurückzuhalten.[5]

Bemerkenswert war in Madrid die Zusammenarbeit zwischen Amerikanern und Palästinensern. Kontakte hatten bereits zwei Jahre vorher begonnen, als die PLO entsprechende Bedingungen der USA akzeptiert hatte: die öffentliche Ablehnung jeder Form von Terrorismus durch Arafat und die Anerkennung der Existenz Israels. Dies hatte den USA zur Anerkennung der PLO gereicht; in Tunis wurden anschließend erste Gespräche geführt. In Madrid wiederholten die Palästinenser ihre Position: Friedensverhandlungen auf der Basis der UNO-Resolutionen 242 und 338 nach dem Prinzip: Land für Frieden. Israel akzeptierte diese Position nicht. Die Amerikaner hatten bis zu diesem Zeitpunkt ihre grundsätzliche Haltung von 1967 nicht geändert, und die lautete ebenfalls Land für Frieden; sie lehnten die Anerkennung der israelischen Annexion Ost-Jerusalems ab, genauso wie die israelische Siedlungspolitik.[70]

Die Gespräche wurden in Washington fortgesetzt – ohne Ergebnis. Israelis und Palästinenser waren so weit auseinander, dass sie zwei Tage lang in den Korridoren des State Department darüber stritten, ob sie überhaupt den Konferenzraum betreten sollten – was sie dann nicht taten. Man nannte das später »Korridordiplomatie«. Da half auch ein von den Amerikanern zur Verfügung gestelltes Sofa nicht. Einig war man sich nur darüber, dass der Kaffee im State Department nicht trinkbar war. Erst im Januar 1992 wurde der tote Punkt überwunden und ein Kompromiss im Hinblick auf den Status der Palästinenser erreicht, den beide Seiten als Sieg verkaufen konnten. Israel würde demnach mit zwei Unterausschüssen diskutieren: Fragen, die mit Palästina zu tun hatten, mit neun Palästinensern und zwei Jordaniern, und Jordanien betreffende Fragen mit neun Jordaniern und zwei Palästinensern. Die Sprecherin der Palästinenser, Hanan Ashrawi, verkündete das Ende der Korridordiplomatie. Die Palästinenser hofften auf weitere Fortschritte, als das Thema Autonomie auf die Tagesordnung gesetzt wurde, ohne zu erkennen, dass es Shamir nur darum ging, Zeit zu gewinnen.[29]

1992 verlor erst Shamir, dann Bush die Wahlen. Die Clinton-Administration setzte zunächst wieder voll auf Israel. Nur ein starkes

Israel könnte möglicherweise bereit sein, sich aus besetzten Gebieten zurückzuziehen; und dies auch nur, wenn das Risiko durch entsprechende amerikanische Rückendeckung minimiert würde. Dazu gehörte auch die Sicherung Israels mit Blick auf die östlichen Nachbarn, und das bedeutete, den Irak und den Iran »einzudämmen«. Im Nationalen Sicherheitsrat in Washington sprach man von »doppelter Eindämmung«, die von der Voraussetzung ausging, dass beide Staaten den amerikanischen Interessen im Nahen Osten im Wege standen. Für Israel hieß das, man wollte in den Verhandlungen mit den Palästinensern mit Israel zusammenarbeiten; man sei verpflichtet, auf der Suche nach Frieden und Sicherheit die strategische Partnerschaft mit Israel zu vertiefen. Die einseitige amerikanische Haltung führte bald zu einer Blockade der Gespräche in Washington.

Der Durchbruch in den Gesprächen wurde denn auch nicht in Washington erreicht, sondern in Oslo. Seit Januar 1993 fanden in der norwegischen Hauptstadt Geheimgespräche zwischen Vertretern Israels und der PLO statt. Yitzhak Rabin, der Vorsitzende der israelischen Arbeiterpartei und seit Juli 1992 erneut Ministerpräsident, hatte zwar bei der Regierungsübernahme erklärt, es gebe nur zwei Lösungen: sich ernsthaft um den Frieden zu bemühen, um die Sicherheit Israels zu gewährleisten, denn ein Friede ohne Sicherheit sei sinnlos; oder für immer mit der Feindschaft der Nachbarn Israels weiterzuleben. Gegenüber den Geheimgesprächen in Oslo war er zunächst aber skeptisch, gab dann jedoch seine Zustimmung. Voraussetzung war Anfang September die gegenseitige Anerkennung. In einem Schreiben von Palästinenserführer Arafat an Rabin am 9. September hieß es:

»Die PLO erkennt das Recht des Staates Israel auf Existenz in Frieden und Sicherheit an. Die PLO nimmt die Resolution 242 und 338 des Sicherheitsrates der Vereinten Nationen an. Die PLO verpflichtet sich auf den Nahost-Friedensprozess und auf eine friedliche Lösung des Konfliktes zwischen den zwei Parteien und erklärt, dass alle ausstehenden Fragen über den dauerhaften Status durch Verhandlungen geregelt werden.«[5]

In seinem Antwortschreiben teilte Rabin die Entscheidung seiner Regierung mit, »die PLO als die Vertretung des palästinensischen Volkes anzuerkennen und Verhandlungen mit der PLO im Rahmen des Nahost-Friedensprozesses aufzunehmen«. Die in Oslo ausgehandelte »Prinzipienerklärung über die vorübergehende Selbstverwaltung« wurde am 13. September 1993 auf Einladung von US-Präsident Bill Clinton in einer feierlichen Zeremonie auf dem Rasen vor dem Weißen Haus in Washington unterzeichnet. Nachdem Arafat und Rabin kurze Erklärungen abgegeben hatten, reichten sie sich die Hände: ein Bild, das um die Welt ging. Für viele Beobachter war dies ein historischer Moment, der den Anfang vom Ende des israelisch-palästinensischen Konfliktes symbolisierte. Rabin war zunächst zögerlich gewesen, Arafat die Hand zu reichen, da dieser für ihn trotz allem den palästinensischen Terror verkörperte. Arafat wollte unbedingt diesen Handschlag und sah in der ganzen Zeremonie ein Zeichen für die volle internationale Anerkennung, auch von Seiten Israels, des Rechts der Palästinenser auf Selbstbestimmung.[10]

Von Oslo bis zur Gegenwart

Die »Prinzipienerklärung« war kein Vertrag, sondern zunächst nur eine Rahmenvereinbarung. Beide Seiten stimmten darin überein, dass es an der Zeit sei, »Jahrzehnte der Konfrontation und des Konfliktes zu beenden«, mit dem Ziel, »eine gerechte, dauerhafte und umfassende Friedensregelung sowie eine historische Aussöhnung auf dem Weg des vereinbarten politischen Prozesses zu erreichen«. Für einen Zeitraum von nicht mehr als fünf Jahren sollte für das palästinensische Volk im Westjordanland und im Gazastreifen eine Interimsbehörde eingerichtet werden, was dann zu einer dauerhaften Übereinkunft auf der Grundlage der Resolutionen 242 und 338 des UN-Sicher-

Washington, 13. September 1993: Nach Unterzeichnung der »Prinzipienerklärung«
der historische Händedruck zwischen Yitzhak Rabin und Yassir Arafat. In der Mitte
US-Präsident Bill Clinton.

heitsrates führen sollte. Die Übergangsperiode sollte mit dem Abzug
der Israelis aus dem Gazastreifen und aus Jericho beginnen. Die
schwierigsten Fragen waren ausgeklammert worden: Status Jerusalems, Flüchtlinge, Siedlungen, Sicherheitsregelungen, Grenzen, Beziehungen zu und Zusammenarbeit mit anderen Nachbarn. Verhandlungen darüber sollten nicht später als mit Beginn des dritten
Jahres der Übergangsperiode beginnen.[57]

Es sollten auch eine palästinensische Polizei gebildet, Wahlen
durchgeführt, die Wirtschaftsentwicklung gefördert und bis zum
13. Dezember eine Vereinbarung über den Abzug der israelischen
Armee aus dem Gazastreifen und Jericho getroffen werden, der Rückzug nach vier Monaten beendet sein. Danach würden die Palästinenser die volle Kontrolle dieser Gebiete übernehmen; außerdem sollte
eine sichere Passage zwischen diesen beiden Gebieten eingerichtet werden. Verhandlungen über dieses »Gaza-Jericho-Abkommen«

dauerten dann allerdings sieben Monate, immer wieder unterbrochen durch massive Terroranschläge. Der blutigste fand am 25. Februar 1994 statt: Baruch Goldstein, ein jüdischer Siedler, erschoss 29 muslimische Gläubige und verwundete zahlreiche weitere, die sich zum Freitagsgebet in der Ibrahimya-Moschee in Hebron versammelt hatten. Goldstein wurde von einem Überlebenden erschlagen; bei den anschließenden Unruhen erschossen israelische Soldaten etwa 30 Araber und verwundeten mehrere hundert. In der Westbank und in Gaza wurde eine Ausgangssperre verhängt, die israelisch-palästinensischen Gespräche für einen Monat unterbrochen. Von der extremen Rechten wurde Goldstein zum Helden und Märtyrer ernannt, sein Grab außerhalb von Hebron ist inzwischen zu einer Pilgerstätte für jene Juden geworden, die den Friedensprozess ablehnen.

Erst am 4. Mai 1994 wurde dann das Abkommen über Gaza und Jericho – auch Oslo I genannt – in Kairo unterzeichnet. Arafat weigerte sich zunächst zu unterschreiben, da er ein größeres Autonomiegebiet um Jericho beanspruchte, wurde dann aber von seinen Mitarbeitern sowie Amerikanern und Russen überredet. Was er wirklich dachte, machte er eine Woche später in einer Moschee in Johannesburg in Südafrika deutlich: Er rief dort zum »Heiligen Krieg« auf, um Jerusalem zurückzuerobern. Es hatte den Anschein, als ob die Vereinbarung mit Israel lediglich aus taktischen Überlegungen zustande gekommen sei. Rabin und Außenminister Peres konnten nur antworten, es seien die Taten Arafats, die zählten, nicht seine Worte.[26]

Das Abkommen selbst regelte den Rückzug der israelischen Streitkräfte, die zivilen und rechtlichen Angelegenheiten und die wirtschaftlichen Beziehungen. Die Israelis behielten die Kontrolle über die Grenzen der beiden Autonomiegebiete und auch die Außengrenzen, weiterhin die Kontrolle über die Straßen zu den Siedlungen in diesen Gebieten, die von gemeinsamen israelisch-palästinensischen

Patrouillen kontrolliert werden sollten. Israel war auch für die Sicherheit der Palästinenser zwischen Jericho und dem Gazastreifen zuständig. Israel gestattete eine palästinensische Polizei in Stärke von 9000 Polizisten, von denen 7000 von außerhalb der Gebiete kommen konnten, mit anderen Worten, jene Palästinenser, die 1982 aus Beirut vertrieben worden waren und sich in Tunis niedergelassen hatten, würden jetzt als Polizisten zurückkommen. Gleichzeitig verpflichtete sich Israel, etwa 5000 Gefangene, die nicht an anti-israelischen Terroranschlägen mit tödlichem Ausgang beteiligt gewesen waren, freizulassen. Der palästinensischen Behörde wurden außerdem zwei Hubschrauber und vier Transportflugzeuge zugestanden. Am 19. Mai hatten sich die israelischen Streitkräfte zurückgezogen, am 1. Juli 1994 traf Arafat in Gaza ein. Zum ersten Mal seit 1967 betrat er damit wieder palästinensischen Boden.

Auf palästinensischer Seite wurden von nun an die Gegner des Friedensprozesses aktiv. Bis 1996 waren Terroranschläge an der Tagesordnung. Dabei taten sich vor allem die beiden Terrorgruppen Hamas und der Islamische Djihad (Heiliger Krieg der Moslems) hervor. Angeblich als Vergeltung auf das Massaker von Hebron explodierte am 6. April 1994 eine Autobombe an einer Bushaltestelle im Zentrum von Afula, wobei acht Israelis getötet und 43 verwundet wurden. So ging es in den folgenden Wochen und Monaten weiter: 21 Tote am 19. Oktober in Tel Aviv, 22 getötete Soldaten am 22. Januar 1995, fünf Tote am 24. Juli 1995, vier Tote am 21. August 1995. Israel reagierte mit Ausgangssperren und Grenzsperrungen, während Rabin und Peres von den Friedensgegnern im eigenen Land als Verräter beschimpft wurden.[26]

Trotz allem kam es am 28. September 1995 zu einer weiteren Vereinbarung, die als »Oslo II« bekannt und in Washington unterschrieben wurde. Darin wurde die Ausweitung der palästinensischen Selbstverwaltung in der Westbank durch die Wahl eines 82 Mitglieder zählenden Palästinensischen Legislativrates geregelt (die Wahl fand am 20. Januar 1996 statt). Anfang 1996 sollte sich das israelische Militär schrittweise aus dem Gebiet zurückziehen, der Rückzug bis zum 26. März 1996 abgeschlossen sein. Am 6. Oktober billigte die Knesseth nach fast 16 Stunden Debatte das Autonomieabkommen mit 61 gegen 59 Stimmen.

Trotz aller Terroranschläge hatte es zuvor einen Erfolg gegeben: Am 26. Oktober 1994 hatten Israel und Jordanien Frieden geschlossen. Die Zeremonie fand in einem Zelt in Arave an der israelisch-jordanischen Grenze in Anwesenheit von US-Präsident Clinton statt. Nach Ägypten war dies der zweite Friedensvertrag, den Israel mit einem arabischen Staat abschließen konnte. Beide Staaten erkannten die Souveränität, territoriale Integrität und politische Unabhängigkeit des jeweils anderen an, ebenso das Recht, innerhalb sicherer und anerkannter Grenzen in Frieden zu leben und gut-nachbarliche Beziehungen der Zusammenarbeit zu entwickeln. Dazu gehörten auch die wirtschaftlichen Beziehungen, wo bereits bei der Vereinbarung über die rechtmäßige Aufteilung des Wassers ein wichtiger erster Schritt gemacht wurde. Das war auch das Ende jener Überlegungen auf Seiten des Likud, etwa Ariel Sharons, der in den siebziger und achtziger Jahren kein Geheimnis daraus gemacht hatte, die Haschemiten stürzen und Jordanien zu einem palästinensischen Staat machen zu wollen, um auf diese Weise den Druck von Israel zu nehmen, die Westbank den Palästinensern zurückzugeben. Auf jordanischer Seite beendete dies auch alle Befürchtungen, dass sich nach der Vereinbarung von Oslo Israelis und Palästinenser auf Kosten Jordaniens arrangieren würden.[70]

Die israelische Rechte machte inzwischen gegen Rabin mobil. Er wurde in Nazi-Uniform gezeigt und als Verräter verleumdet. Ähnlich agierte auch eine Reihe von Rabbinern. Einige von ihnen forderten öffentlich die Todesstrafe für jene, die »Juden verfolgen« oder »jüdischen Besitz oder Leben dem Feind überantworten«. Der Bezug zu Rabin und Peres war klar. Die politische Rechte agierte ähnlich. Ben-

Israel und seine arabischen Nachbarn seit 1994 (Gazastreifen und Westjordanland zum Teil unter palästinensischer Selbstverwaltung).

jamin Netanjahu – ab 1996 Ministerpräsident – meinte am 4. Mai 1994, am Tag, als »Oslo I« unterzeichnet wurde: »Rabin wird eines Tages auch noch verkünden, dass er in Kairo einen palästinensischen

61

Terrorstaat errichtet hat.« Sharon verglich Rabin indirekt mit den Nazis; seine Regierung nannte er den »Judenrat«. In dieser Atmosphäre riefen Rabin und Peres zu einer Friedensdemonstration auf, die am 4. November 1995 in Tel Aviv mit mehr als 100 000 Teilnehmern stattfand. Am Ende der Veranstaltung wurde Rabin durch drei gezielte Schüsse ermordet. Der Schütze Yigal Amir, ein religiös-fanatischer Jude, meinte beim Verhör, sein Ziel sei es gewesen, den Friedensprozess und die Rückgabe besetzter Gebiete zu stoppen. Er habe geschossen, »um das Leben des jüdischen Volkes zu retten«.[26]

Fast gleichzeitig verstärkten Hamas und Islamischer Djihad ihre Terroraktionen. Damals wurde vermutet, der Iran unterstütze diese Aktivitäten mit dem Ziel, dass bei Wahlen die Arbeiterpartei verlieren und der Likud die Regierung übernehmen würde, die dann den Friedensprozess stoppen würde. Peres, der das Amt des Ministerpräsidenten übernommen hatte, ordnete eine Offensive gegen die Hisbollah (»Partei Gottes«) im Libanon an, die mit Raketen israelische Ortschaften angegriffen hatte. Aber es war bereits zu spät. Sein Gegenspieler, Netanjahu, hatte eine einfache Botschaft: »Frieden mit Sicherheit.« Er sei nicht gegen den Frieden, aber er würde nicht kopfüber mit »Terroristen« wie Arafat Vereinbarungen treffen und anders als Peres dafür sorgen, dass jeder Schritt auf dem Weg zum Frieden mit der Sicherheit Israels vereinbar sei. Netanjahu gewann die Wahl am 29. Mai 1996. Kurz darauf stellte er klar, dass seine Regierung die Errichtung eines unabhängigen Palästinenserstaates und das Rückkehrrecht arabischer Flüchtlinge ablehne und gleichzeitig die Siedlungspolitik verstärken werde. Weiter hieß es in seiner Regierungserklärung: »Das vereinte Jerusalem, die Hauptstadt Israels, wird für immer israelisch bleiben.« Wenig später ergänzte Netanjahu, der Status von Jerusalem sei »nicht verhandelbar«.

Auf amerikanischen Druck hin kam es am 4. September zu einem Treffen zwischen Netanjahu und Arafat, das ohne Ergebnis blieb. Die Abriegelung der besetzten Gebiete bestand weiter, palästinensische Gefangene wurden nicht freigelassen und neue Siedlungen errichtet. Die Explosion erfolgte am 24. September, nach der so genannten »Tunnelöffnung«. Bei dem Tunnel handelte es sich um ein unterirdisches System von Gängen in der Nähe des Tempelberges. Mit der Öffnung sollte Touristen der Zugang erleichtert, gleichzeitig aber auch die Entschlossenheit der Regierung demonstriert werden, ganz Jerusalem jüdisch zu machen: Die Tunnelöffnung befand sich im moslemischen Viertel der Altstadt. Jerusalems Likud-Bürgermeister Ehud Olmert nannte die Tunnelöffnung »ein großes Geschenk an die Menschheit«. Die Palästinenser sahen das anders.

Die Aktion war der Beginn eines Aufstandes in Ost-Jerusalem und der Westbank. Drei Tage wurde gekämpft, etwa 70 Palästinenser getötet, mehrere hundert verwundet; 15 israelische Soldaten starben. In den folgenden Wochen und Monaten wurde für jeden erkennbar, dass Netanjahu nicht wirklich bereit war, den Friedensprozess voranzutreiben und die israelische Armee aus den besetzten Gebieten zurückzuziehen. Daran änderte auch nichts, dass er unter massivem Druck der Amerikaner Hebron den Palästinensern übergeben sollte, während Arafat – wieder einmal – zustimmte, die Infrastruktur des Terrors in dem von ihm kontrollierten Gebiet zu zerschlagen. Als die Terroranschläge weitergingen, war dies ein Grund für Netanjahu, seinen Teil der Vereinbarung nicht einzuhalten. Als Arafat daraufhin mit der einseitigen Ausrufung eines palästinensischen Staates drohte, schaltete sich erneut US-Präsident Clinton ein und lud zu einem Gipfeltreffen nach Wye River Plantation in Maryland für den 15. Oktober 1998 ein. Dort wurde am 23. Oktober das so genannte Wye River Memorandum unterschrieben, in dem Israel zusagte, weitere 13 Prozent des von ihm besetzten Gebietes zurückzugeben. »Land für Sicherheit« lautete die neue Formel, »Land für Frieden« war kein Thema mehr. Die Palästinenser sicherten im Gegenzug erneut zu, terroristische Organisationen zu zerschlagen sowie illegale Waffen einzusammeln. Arafat stimmte weiterhin zu, im palästinensischen Nationalrat eine Änderung der Nationalcharta in jenen Punkten herbeizuführen, die unvereinbar waren mit der Verpflichtung der PLO, dem Terror abzuschwören und Israel anzuerkennen.

Im Dezember 1998, als die Knesseth vorgezogene Wahlen für Mai 1999 beschloss, wurde die Umsetzung des Wye-Abkommens vorerst suspendiert. Netanjahu hatte in seiner Amtszeit das getan, wofür er wohl auch gewählt worden war, nämlich den Friedensprozess gestoppt. Aber er hatte es versäumt, ein Programm zu präsentieren, das als Alternative für die Osloer Abkommen hätte dienen können. Die Quittung wurde ihm in den Wahlen am 17. Mai 1999 präsentiert: 56 % der israelischen Wähler entschieden sich für den Vorsitzenden der Arbeiterpartei, Ehud Barak, als neuen Ministerpräsidenten. Die Erwartungen in ihn, den »höchstdekorierten Soldaten der israelischen Armee«, waren hoch gesteckt. Barak war denn auch entschlossen, den Friedensprozess wieder in Gang zu setzen – 19 Monate später war die Lage schlechter als bei seinem Amtsantritt. Warum?

Barak versuchte es zunächst bei den Syrern. Hier spielten zuvor schon US-Präsident Clinton und sein Außenminister Christopher eine aktive Rolle. Präsident Hafez al-Assad von Syrien war allerdings entschlossen, das zu demonstrieren, was Henry Kissinger einmal so formuliert hatte: »Ohne Ägypten können die Araber keinen Krieg führen und ohne Syrien keinen Frieden schließen.« Assad bestand auf den vollständigen Rückzug der Israelis von den Golanhöhen. Das wurde deutlich in den Gesprächen zwischen Barak und dem syrischen Außenminister Faruk al-Shara am 15. und 16. Dezember 1999 in Washington und in der zweiten Runde in Shepardstown, West Virginia, vom 3. bis 10. Januar 2000. Clinton versuchte zu vermitteln und legte den Entwurf eines Friedensvertrages vor. Barak war für einen Rückzug »auf der Basis der Grenzen vom 4. Juni 1967«. Das war den Syrern zu wenig. Man ging ohne Ergebnis auseinander. Barak war dann bereit, Teile der Golanhöhen aufzugeben, aber nur bis auf mehrere hundert Meter an den See Genezareth. Der israelischen Bevölkerung gab er das Versprechen, nicht ohne ihre Zustimmung abzuschließen. Im März 2000 traf sich Clinton dann mit Assad in Genf. Clinton hatte mit Zugeständnissen Assads gerechnet und war außer sich, als dieser lediglich den vollkommenen Rückzug der Israelis bis an den See Genezareth forderte, so dass sich dort die Syrer »ihre Füße waschen« könnten.

Wenig später erfüllte Barak ein Wahlversprechen: Er zog die israelischen Truppen aus dem Südlibanon ab. Das war bislang als Haupthindernis für einen Frieden zwischen Israel und dem Libanon angesehen worden. Die überraschende Aktion führte zwar zu keinem Friedensvertrag mit dem Libanon, allerdings reduzierte die Hisbollah ihre Angriffe.

Am 10. Juni 2000 starb Präsident Assad und mit ihm jede Hoffnung auf eine frühe Wiederaufnahme der israelisch-syrischen Friedensverhandlungen. Assads Nachfolger, sein 34-jähriger Sohn Bashar al-Assad, machte sofort klar, dass er die Politik seines Vaters fortsetzen wolle. Frieden mit Israel werde es nur bei vollständigem Rückzug Israels von den Golanhöhen geben.

Damals vernachlässigte Barak das palästinensische Problem monatelang zugunsten Syriens. Erst im März 2000 wurden die Verhandlungen mit den Palästinensern wieder aufgenommen. Israel stimmte einer weiteren Übergabe des Westbank-Gebietes zu: insgesamt 6,1 %, etwa 341 km² um Jericho, Ramallah und Jenin. Gleichzeitig drängte Barak auf ein Treffen mit Arafat und Clinton. Er wollte beinahe mit Gewalt eine Gesamtlösung des Problems. Die Gipfelkonferenz begann am 11. Juli in Camp David und dauerte bis zum 26. Juli. Sämtliche Streitfragen sollten auf einen Schlag gelöst werden: der Grenzverlauf, die Zukunft der etwa 3,6 Mio. Flüchtlinge, die jüdischen Siedlungen, der Status Jerusalems, Fragen der Sicherheit, Wasserpolitik und vieles mehr. Über der Gipfelkonferenz hing die

Drohung Arafats, bei einem möglichen Scheitern am 13. September einseitig einen Palästinenserstaat auszurufen.

Ein Hauptproblem war Jerusalem. Hier war Barak als erster Regierungschef Israels bereit, einer möglichen Teilung zuzustimmen und den größten Teil Ost-Jerusalems den Arabern zuzusprechen. Keine Lösung gab es allerdings beim Thema Altstadt und dem Gebiet um den Tempelberg, wo sich der Felsendom und die Al-Aksa-Moschee befinden. Arafat lehnte jedes Angebot ab, auch Präsident Clintons Vorschlag, die Altstadt zwischen Israel und Palästina aufzuteilen und den Tempelberg gemeinsam durch den UN-Sicherheitsrat, Marokko und die Palästinenser verwalten zu lassen.

Auch die Frage der Flüchtlinge und deren Recht auf Rückkehr auf der Basis der UNO-Resolution 194 vom 11. Dezember 1948 war unlösbar. Israel lehnte das Recht von Millionen Flüchtlingen auf Rückkehr ab und war lediglich bereit, einige Tausend zu akzeptieren. Barak war auch nicht bereit, die gesamte Westbank und den Gazastreifen zurückzugeben, sondern nur 84 bis 90 Prozent. Das Gipfeltreffen scheiterte. Barak und bis zu einem gewissen Grad auch Clinton waren enttäuscht, dass die Palästinenser das bislang weitreichendste israelische Angebot abgelehnt hatten. Die Amerikaner beschuldigten Arafat, absolut unbeweglich und nicht bereit gewesen zu sein, irgendeinen Kompromiss zu akzeptieren.[70]

Die Zugeständnisse, die Barak machen wollte, führten zu Konsequenzen in der Heimat. Außenminister David Levy trat am 2. August 2000 aus Protest zurück. Sein Nachfolger, Shlomo Ben-Ami, machte einen letzten Kompromissvorschlag: Der Tempelberg sollte bis zu einer endgültigen Lösung unter die Kontrolle des UN-Sicherheitsrates gestellt werden, und Israel würde 90 bis 95 Prozent der Westbank zurückgeben. Arafat lehnte erneut ab. Beide Seiten machten sich gegenseitig für das Scheitern verantwortlich.

Die eigentliche Antwort auf das Angebot Baraks war eine neue Intifada. Sie wurde ausgelöst durch einen Besuch von Ariel Sharon, dem Vorsitzenden des Likud, der am 28. September 2000 in offensichtlich provokativer Absicht den Tempelberg in Jerusalem besuchte. Mit breitem Lächeln, begleitet von Dutzenden Polizisten, hielt er sich 24 Minuten dort auf, ohne allerdings eine der beiden Moscheen zu betreten. In völliger Verkennung der Stimmung unter den Moslems hatte Barak den Besuch genehmigt; unabhängig davon gab es allerdings kein legales Mittel, einem Mitglied der Knesseth einen solchen Besuch zu verbieten, solange er dort nicht provozierend handeln oder reden würde.

Offensichtlich spontan begannen Moslems mit Unruhen, indem sie zunächst die Polizisten in der Nähe des Tempelberges mit Steinen bewarfen. Am nächsten Tag, Freitag, als Zehntausende den Tempelberg nach dem Gebet verließen, brachen die Unruhen erneut aus, diesmal in größtem Umfang. Polizisten, die erneut mit Steinen beworfen wurden, antworteten mit Gummigeschossen, möglicherweise auch mit scharfer Munition. Jedenfalls wurden mindestens vier Palästinenser getötet, über hundert verletzt. Die Unruhen breiteten sich erst in Jerusalem aus und griffen dann auf die Westbank und den Gazastreifen über. Überall gab es Zusammenstöße mit israelischen Truppen. Die Aktionen wurden durch antiisraelische Aufrufe der Palästinensischen Autonomiebehörde in Radio und Fernsehen angefeuert. Da war vom »Marsch auf Jerusalem« und vom »Heiligen Krieg« die Rede. Die neue Intifada hatte begonnen.

Der ganze Frust, die Enttäuschung und der Hass auf die Israelis seit 1948 wurden erkennbar. Am 7. Oktober stimmte der UNO-Sicherheitsrat einer Resolution zu, in der Israels »exzessive Anwendung von Gewalt gegen die Palästinenser« verurteilt wurde. Bis zum 10. Oktober waren 90 Palästinenser getötet und mehr als 2000 verletzt worden. Die Lage schien außer Kontrolle zu geraten. In dieser Situation luden Clinton und der ägyptische Präsident Mubarak Arafat, Barak und den neuen jordanischen König Abdullah zu einem Gipfeltreffen nach Sharm el Sheik am 16./17. Oktober ein. Beide Seiten riefen zum

Ende der Gewalt auf, aber Arafat und Barak unterschrieben keine Vereinbarung und reichten sich nicht einmal mehr die Hände.

Wenige Tage später gab es das erste arabische Gipfeltreffen seit 1996. Die Vertreter der Arabischen Liga, einschließlich Mubarak (Ägypten), Abdullah (Jordanien) und Assad (Syrien), bekräftigten ihre Unterstützung für den Friedensprozess, verurteilten aber gleichzeitig Israel und sprachen ihre Unterstützung für die Intifada aus. Sie forderten ein internationales Kriegsverbrechertribunal, um die Israelis abzuurteilen, und unterstützten die Forderung der Palästinenser nach »Recht auf Rückkehr« als ein »heiliges Recht«. Gleichzeitig verlangten sie die Souveränität der Palästinenser über ganz Ost-Jerusalem einschließlich der Altstadt mit dem Tempelberg. Im Januar 2001 waren 350 Palästinenser tot und Tausende verletzt, 50 Israelis hatten ebenfalls den Tod gefunden, mehrere hundert waren verletzt worden.

Konnte man in dieser Situation den Friedensprozess retten? Clinton machte einen letzten Versuch und legte folgenden Plan vor: Rückgabe von 94 bis 96 Prozent der Westbank, internationale Grenzüberwachungstruppe, insbesondere zwischen der Westbank und dem Jordan, Entmilitarisierung des palästinensischen Staates, Teilung Jerusalems mit dem Tempelberg an die Palästinenser, die Klagemauer sowie »jene Gebiete, die für die Juden heilig sind«, und »das Heiligste der Heiligen« – gemeint war das Gebiet unter den beiden Moscheen – an die Israelis. Was die Flüchtlingsfrage betraf, so war der Vorschlag nicht ganz eindeutig. Beide Staaten sollten das »Recht auf Rückkehr« bestätigen und gleichzeitig Hilfe für die Flüchtlinge zur Verfügung stellen. Ein Vertrauter Arafats lehnte diese Vorschläge ab; sie seien »der größte Betrug in der Geschichte, genauso wie das Sykes-Picot-Abkommen« von 1916. Arafat selbst legte eine lange Liste von Fragen vor, die zuvor behandelt werden sollten. Es war klar, dass die Palästinenser nicht an einer Vereinbarung interessiert waren, die ihnen kein »Recht auf Rückkehr« und keine volle Souveränität über die Altstadt Jerusalems geben würde.

Ganz in diesem Sinne verliefen denn auch die Gespräche vom 21. bis 27. Januar 2001 im Hilton Hotel im ägyptischen Taba (direkt hinter der Grenze bei Eilat). Als Arafat am nächsten Tag auf dem Weltwirtschaftsforum in Davos in der Schweiz Israel als »faschistisch«, »kolonialistisch« und als einen »Mörderstaat« bezeichnete, der das palästinensische Volk aushungern und zerstören wolle, war für Barak der Moment gekommen, die Gespräche mit den Palästinensern aufzukündigen. Der 1993 mit dem Abkommen von Oslo so erwartungsvoll begonnene Friedensprozess war definitiv zu Ende.

Die Wahlen am 6. Februar 2001 gewann Sharon mit 62,4 % gegen 37,6 % für Barak. Es war der größte Wahlsieg in der Geschichte Israels. Sharon hatte die Vereinbarung von Oslo als »furchtbar und gefährlich« abgelehnt. Genauso sah jetzt seine Politik gegenüber den Palästinensern aus, die ihn als »Schlächter des Libanon« – er war im Libanonkrieg 1982 Verteidigungsminister gewesen – bezeichneten, und genauso ging er jetzt gegen die palästinensischen Terroristen vor. Am 5. März 2001 erklärte er in der Knesseth: »Wir müssen sie bekämpfen. Wir müssen ihnen schwere Verluste zufügen, und sie werden verstehen, dass sie mit weiterem Terror keine politischen Vorteile erzielen können.« Arafat war für ihn kein Gesprächspartner.

Am 11. September 2001 wurden die USA Opfer der Terrororganisation Al-Qaida. Die Bush-Administration verkündete anschließend als neue Doktrin den Kampf gegen den Terrorismus. Unter diese Kategorie fiel schon bald auch der Terror, den palästinensische Selbstmordkommandos in Israel ausübten. Im Kampf gegen diesen Terror erhielt Sharon nun Unterstützung aus Washington. Sharon machte Arafat persönlich verantwortlich und ein härteres Einschreiten gegen militante Palästinenser zur Bedingung für neue Verhandlungen. Zuvor sollte eine palästinensische Regierung unter Führung eines Ministerpräsidenten gebildet werden. Washington sah das genauso. [26]

Der neue Ministerpräsident hieß Mahmud Abbas. Damit war der Weg frei für die Übergabe des Friedensplans des »Nahost-Quar-→ S.105 tetts« USA, Russland, EU und **UNO**.

Diese »road map« für den Frieden sah in drei Phasen die Bildung eines Palästinenserstaates im Jahre 2005 vor. Auch aus diesem Plan wurde nichts. Noch im Juli 2003 begann Israel mit dem Bau der sog. Barriere, einer Sperranlage, die an einigen Stellen aus einer bis zu acht Meter hohen Mauer besteht. Das war Sharons vielzitierte einsame Entscheidung, obwohl damit auch gleichzeitig die zukünftige Grenze Israels fixiert wurde. Sharon ließ auch sämtliche Siedlungen im Gazastreifen räumen; der als rechtsnationalistisch angesehene Sharon war offensichtlich zum Frieden bereit – gegen seinen persönlichen Feind Arafat und gegen die Hamas im Gazastreifen. Er erlitt am 11. April 2006 einen Schlaganfall und liegt seither im Koma.

Währenddessen spitzte sich der Konflikt mit der Hamas zu. Massiver Raketenbeschuss aus dem Gazastreifen führte Ende Dezember 2008 zum Angriff Israels, bei dem etwa 1300 Palästinenser starben.

Nach Jahren erfolgloser Bemühungen um eine Friedensregelung ergriff Palästinenserpräsident Abbas 2011 die Initiative. Im Oktober beantragte er in der UNO-Vollversammlung die Vollmitgliedschaft Palästinas und damit die Gründung des Staates Palästina. Für *den* Fall hatten die USA bereits im Sicherheitsrat ihr Veto angekündigt. Das war dann gar nicht mehr nötig: der Antrag erhielt nicht die erforderliche Mehrheit.

Mehr Erfolg gab es bei der UNESCO. Die UNO-Organisation für Bildung, Wissenschaft und Kultur nahm Palästina im Oktober 2011 als Vollmitglied auf (es gibt dort kein Vetorecht). Das war allerdings ein Pyrrhussieg, da die USA wie angekündigt die Zahlung ihrer Beiträge einstellt – immerhin der größte Teil des Budgets.

Fazit

1938, während des Aufstandes der Araber im britischen Mandatsgebiet, meinte Ben Gurion einmal zu einem führenden Vertreter der Mapai, der Arbeiterpartei Palästinas:

>»Wenn wir sagen, die Araber sind die Aggressoren, und wir verteidigen uns nur, dann ist das nur die halbe Wahrheit. Mit Blick auf unsere Sicherheit und unser Leben verteidigen wir uns. Aber dieser Kampf ist nur ein Aspekt dieses Konfliktes, bei dem es sich im Kern um einen politischen Konflikt handelt. Und politisch sind wir die Aggressoren und sie verteidigen sich.«[26]

Ben Gurion hatte natürlich Recht. Der politische Zionismus, so wie er von Theodor Herzl Ende des 19. Jahrhunderts geschaffen worden war, war aggressiv in dem Ziel, einen eigenen Staat für die Juden zu errichten. Um das zu erreichen, was die Briten in jenem berühmten, 117 Worte umfassenden Dokument vom November 1917 zugesagt hatten, jene »nationale Heimstätte«, konnte man keine Kompromisse eingehen. Das bedeutete aber auch einen dauernden Kampf gegen jene, auf deren Land man diesen Staat errichten wollte. Von da an konnte dieser Staat, jenes »zionistische Gebilde«, als das er bei den Arabern jahrelang firmierte, nicht im Frieden mit seinen Nachbarn und mit jenen, die vertrieben worden waren, leben.

Seit seiner Gründung im Jahre 1948 befindet sich Israel daher in einer Art Dauer-Kriegszustand. Aus einem jüdisch-palästinensischen Konflikt wurde damals ein israelisch-palästinensischer, der sich zu einem israelisch-arabischen Konflikt entwickelte, mit dem »Überbau« des Kalten Krieges, wobei zunehmend auch innerarabische Probleme eine Rolle spielten. Und das in einem Gebiet, in dem mehr als 30 Prozent des auf der Welt verbrauchten Erdöls produziert werden und 60 Prozent der bekannten Erdölreserven liegen. Das war eine brisante Mischung, die mehrmals explodierte und den Nahen Osten seit Jahrzehnten zur Weltkrisenregion schlechthin gemacht hat. Viele Friedenshoffnungen wurden durch die Ermordung des israelischen Ministerpräsidenten Yitzhak Rabin 1995 zunichte gemacht. Auf beiden Seiten gab und gibt es Scharfmacher, die an einem Frieden nicht interessiert sind. Das gilt für Palästinenser wie für Israelis. Seit dem Beginn der 2. Intifada im September 2000 sind Hunderte Menschen umgekommen, die Fronten sind verhärtet.

Netanyahu und Liebermann beteuern zwar ihren Friedenswillen, sind aber in den entscheidenden Fragen genauso wie die Palästinenser nicht zu Kompromissen bereit. Das betrifft den Status Jerusalems, die Rückkehr der Flüchtlinge, die Siedlungen in der Westbank, die Verteilung des Wassers und die Sicherheit gegenüber einem Palästinenserstaat. Und die Hamas ist nach wie vor nicht einmal zur Anerkennung Israels bereit. Wie die Hisbollah im Libanon wird sie vom Iran unterstützt. Dessen Präsident Ahmadinedschad leugnet sogar den Holocaust, will Israel von der Landkarte tilgen und verfolgt ein Atomprogramm, das insbesondere Israel mit allergrößter Sorge verfolgt.

Blickt man zurück auf die Entwicklung der letzten 20 Jahre, so kommen Zweifel auf, ob das, was Yitzak Rabin 1993 bei der Unterzeichnung des Oslo-Abkommens in Washington gesagt hat, noch gilt, nämlich: »Es ist Zeit, dem Frieden eine Chance zu geben.«

VERTIEFUNGEN

Die Balfour-Deklaration

Am 2. November 1917 schickte der britische Außenminister Arthur James Balfour folgenden Brief an den Präsidenten der Zionistischen Föderation in Großbritannien, Lord Lionel Walter Rothschild:

»Lieber Lord Rothschild, ich habe die große Freude, Ihnen im Namen der Regierung Seiner Majestät die folgende Sympathieerklärung für die jüdisch-zionistischen Bestrebungen zu übermitteln. Sie hat dem Kabinett vorgelegen und wurde von ihm gebilligt.

Die Regierung Seiner Majestät betrachtet die Errichtung einer nationalen Heimstätte für das jüdische Volk in Palästina mit Wohlwollen und wird keine Mühe scheuen, um die Erreichung dieses Zieles zu erleichtern, wobei allerdings von der Voraussetzung ausgegangen wird, dass dabei nichts geschieht, was die bürgerlichen und religiösen Rechte der in Palästina bestehenden nicht-jüdischen Gemeinden oder die Rechte und die politische Stellung der Juden in irgendeinem anderen Lande beeinträchtigen könnte.

Ich wäre Ihnen dankbar, wenn Sie diese Erklärung der Zionistischen Förderation zur Kenntnis bringen würden. Ihr ergebener Arthur James Balfour.«

Diese so genannte Balfour-Deklaration ist ein Meilenstein in der Geschichte der zionistischen Bewegung und prägte die weitere Entwicklung im Nahen Osten – wenn man so will – bis heute. Sie hat eine interessante Vorgeschichte. Im Sykes-Picot-Abkommen von 1916 war Palästina gewissermaßen ausgeklammert worden. Es sollte ein international kontrolliertes Gebiet werden. Im britischen Kabinett setzte sich aber schon bald die Auffassung durch, dass dieses Gebiet unter allen Umständen unter alleinige britische Kontrolle gebracht werden müsse. Vor allen Dingen der südafrikanische General Smuts sah darin die einzige Möglichkeit, Ägypten und den Suezkanal zu schützen. Jede andere Macht in Palästina müsse zu einer Bedrohung für das britische Weltreich werden. Eine entsprechende Entscheidung traf das Kriegskabinett am 1. Mai 1917.

Die Zionisten in Großbritannien, angeführt von Chaim Weizmann, nutzten dies für ihre Ziele. Weizmann war eine der überragenden Gestalten des Zionismus, damals zwar ein Staatsmann ohne Staat – er wurde 1948 der erste Präsident Israels –, aber er kann zu den eigentlichen Siegern des Ersten Weltkrieges gezählt werden. Geboren 1874 in Russland als Sohn einer wohlhabenden Familie, war er 1892 nach Deutschland gegangen, hatte dort Chemie studiert, bevor er 1897 in die Schweiz ging, wo er 1899 an der Universität Freiburg promovierte. 1901 war er bereits Professor an der Universität Genf, bevor er dann 1904 an die Universität Manchester wechselte.

Der Erste Weltkrieg wurde für ihn zum Triumph. Ab 1916 leitete er das Forschungslaboratorium der Britischen Admiralität und entwickelte ein Verfahren zur künstlichen Herstellung von Azeton, einem wichtigen chemischen Bestandteil von Sprengstoffen. Er war ein glühender Zionist und ein begnadeter Lobbyist – und nutzte seine gesellschaftlichen Kontakte. Ihm gelang es, wichtige Persönlichkeiten in Großbritannien, vor allem den einflussreichen Herausgeber des »Manchester Guardian«, für die Idee des Zionismus und die Errichtung eines jüdischen Staates in Palästina zu gewinnen. Außenminister Balfour traf Rothschild und Weizmann am 19. Juni 1917 und bat um den Entwurf einer entsprechenden Resolution.

Die Gründe für diesen Schritt waren vielfältig. Würde man den Zionismus fördern, so die Überlegung auf britischer Seite, könnte es möglicherweise dazu führen, die russischen Juden dazu zu bringen, Russland zum Weiterkämpfen zu veranlassen. Wichtig war auch, die amerikanischen Juden zu gewinnen. Man hoffte, dass jene Juden, die Einfluss auf Präsident Wilson hatten, ihn davon überzeugen könnten, die britische Besatzung Palästinas zu akzeptieren.

Foreign Office,
November 2nd, 1917.

Dear Lord Rothschild,

I have much pleasure in conveying to you, on
behalf of His Majesty's Government, the following
declaration of sympathy with Jewish Zionist aspirations
which has been submitted to, and approved by, the Cabinet.

His Majesty's Government view with favour the
establishment in Palestine of a national home for the
Jewish people, and will use their best endeavours to
facilitate the achievement of this object, it being
clearly understood that nothing shall be done which
may prejudice the civil and religious rights of
existing non-Jewish communities in Palestine, or the
rights and political status enjoyed by Jews in any
other country".

I should be grateful if you would bring this
declaration to the knowledge of the Zionist Federation.

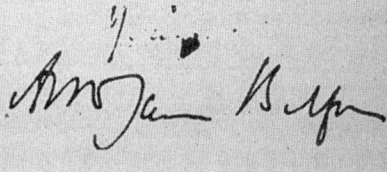

Die Balfour-Deklaration vom 2. November 1917. 117 Wörter, die die Geschichte des
Nahen Ostens nachhaltig geprägt haben.

An der Ostküste der USA lebten damals etwa 4 Millionen Juden, die
zunächst wenig mit dem Zionismus anfangen konnten. Die zionistische Bewegung erhielt erst während des Ersten Weltkrieges grö-

ßeren Zulauf: Die Mitgliedszahlen stiegen von 5 000 auf 150 000. Einer der führenden Zionisten war Louis Brandeis, der 1917 als erster Jude überhaupt Mitglied des Obersten Gerichts in Washington geworden war. Präsident Wilson hatte schon damals eine Vorliebe für die Selbstbestimmung der Völker geäußert – offiziell dann im Januar 1918 mit seinen berühmten 14 Punkten. Zionismus schien jetzt umso attraktiver, denn dies bedeutete auch jüdische Selbstbestimmung in Palästina. Jüdische Selbstverwaltung in Palästina wäre damit der geeignete Deckmantel für eine britische Kontrolle des Gebiets, die Wilson ansonsten wohl als imperialistische Aktion der Briten nicht akzeptiert hätte. Auch Frankreich, Partner des Sykes-Picot-Abkommens, befürwortete eine »Wiedergeburt der jüdischen Nation« in Palästina. Möglicherweise wollte man auch einer deutschen Zusage an die Juden Mittel- und Osteuropas zuvorkommen.

Sowohl bei den britischen Zionisten als auch im britischen Kabinett gab es allerdings unterschiedliche Auffassungen, ja sogar Widerstände gegen den geplanten Schritt. Weizmann legte einen Entwurf vor, in dem gefordert wurde, dass Großbritannien »die Wiederherstellung Palästinas als jüdischer Staat und als nationale Heimstätte des jüdischen Volkes« unterstützen solle. Den Arabern sollten alle möglichen Garantien für kulturelle Autonomie gegeben werden, aber »der Staat muss jüdisch sein«. Die Londoner Zionisten stimmten dem nicht zu. Sie waren der Meinung, dass mit dieser Formulierung – ganz Palästina als jüdischer Staat – »zu viel zu schnell« gefordert wurde, obwohl ihr Ziel natürlich auch ein jüdischer Staat war. Rothschild legte daher einen neuen Entwurf vor, in dem es hieß, dass Großbritannien Palästina »als nationale Heimstätte des jüdischen Volkes« und die zionistische Organisation in Palästina als autonomes (selbstregierendes) Gremium anerkenne.

In London stellte sich der für Indien zuständige Minister, Edwin Montagu, einziger Jude im Kriegskabinett, gegen eine solche Erklärung. Er fürchtete, dass bei einem möglichen Judenstaat die Auseinandersetzung über die doppelte Loyalität der Juden wieder heraufbeschworen würde und die Stellung der assimilierten Juden gefährdet werden könnte. Für ihn waren die Juden keine Nation, und eine »nationale Heimstätte« würde sie zu Fremden in jenen Ländern machen, in denen sie lebten. Wie solle er, so fragte er, mit den Indern verhandeln, wenn die britische Regierung öffentlich erklären würde, dass seine Heimat irgendwo in der Türkei liege?

Wichtige Änderungen des Entwurfs gingen auf Einwände von Sir Alfred Milner zurück, ebenfalls Mitglied des Kriegskabinetts. Er war für eine Erklärung, dass die britische Regierung die Errichtung einer Heimstätte für das jüdische Volk unterstütze – und zwar *in* Palästina. Es sollte darin mit Blick auf die Araber und die Sicherheit der eigenen politischen Interessen weder die Rede von Staatsbildung sein noch davon, dass eine solche Heimstätte ganz Palästina umfasse. Er bestand zudem auf Garantien für die in Palästina lebenden Araber. George Curzon, Lordpräsident und wenig später Außenminister, wollte wissen, wie denn die Moslems in Palästina entfernt werden sollten, damit Juden dort einwandern konnten. Seiner Meinung nach hatte das Land nur für wenige Menschen Platz, und die 500 000 Moslems würden sich nicht damit zufrieden geben, »entweder von den jüdischen Einwanderern enteignet zu werden oder als simple Holzhacker und Wasserträger zu dienen«. Mark Sykes sah das anders. Für ihn war klar, warum Palästina ein so wenig einladendes Land geworden war: Die Araber, »von Natur aus eine faule und träge Rasse«, hätten das Land einfach vernachlässigt. Bei entsprechendem Bemühen könne die Bevölkerung in sieben Jahren verdoppelt werden. Curzon widersprach: Seiner Meinung nach konnte Palästina auf diese Weise nicht weiter entwickelt werden. Es sei notwendig, die heiligen Stätten der Moslems und Christen in Jerusalem und Bethlehem weiter zu kontrollieren. Das würde bedeuten, dass die Juden keine Hauptstadt in Palästina bekommen würden.[27]

Am 31. Oktober genehmigte das Kriegskabinett die oben zitierte Deklaration, die am 2. November an Rothschild geschickt wurde. Der letzte Halbsatz ging auf die Einwände von Montagu zurück, der vorletzte Absatz nahm Rücksicht auf Milners Einwände mit Blick auf die Zukunft der neunzigprozentigen Mehrheit der Araber in Palästina (zu jenem Zeitpunkt etwa 500 000 gegenüber 50 000 Juden); es ging hier nur noch um ihre bürgerlichen und religiösen Rechte, was implizierte, dass die politischen Rechte für die Juden reserviert waren, sobald sie eine Mehrheit erreicht hatten. Dass die neunzigprozentige arabische Mehrheit dabei als »nicht-jüdische Gemeinden« bezeichnet wurde, war bezeichnend.

Die Erwartungen hinsichtlich der Juden in Deutschland und Österreich wurden nicht erfüllt, obwohl über den deutschen und österreichischen Truppen Flugblätter abgeworfen wurden, in denen die Juden aufgefordert wurden, sich den Entente-Mächten zuzuwenden, da diese die jüdische Selbstbestimmung unterstützten. Nichts dergleichen geschah. Und in Russland übernahmen die Bolschewisten am 7. November 1917 die Macht und eröffneten Friedensverhandlungen mit dem Deutschen Reich.

Auf den Kriegsverlauf hatte das Dokument demnach keine Auswirkungen, aber diese 117 Worte banden der britischen Regierung in den Verhandlungen mit den Zionisten in Zukunft die Hände. Es lag nun an den Briten, bei der Schaffung jener »nationalen Heimstätte« *in* Palästina für das jüdische Volk mitzuhelfen, wobei jeder wusste, was damit gemeint war, nämlich der »Judenstaat«, wie Herzl ihn gefordert hatte.

Der erste israelisch-arabische Krieg

Die Araber lehnten den Teilungsplan der UNO vom 29. November 1947 ab; der Mufti von Jerusalem rief zum »Heiligen Krieg« – Djihad – auf, die Arabische Liga beschloss am 12. Dezember 1947, die Palästinenser mit Waffen, Munition, Geld und Freiwilligen zu unterstützen.

Zu Beginn der Auseinandersetzungen glaubte man in London, dass die Juden unterlegen seien und aus Palästina vertrieben würden, falls sie sich nicht mit den Arabern einigten. Die Briten und so manch andere sollten sich irren. Die Juden waren nämlich vorbereitet. Der Jishuv – die jüdische Bevölkerung in Palästina – war hoch motiviert, gut durchorganisiert, eine halbindustrielle Gesellschaft; mehr als 200 000 von ihnen waren jene Überlebenden des Holocaust, die in den drei Jahren zuvor zumeist über Österreich und Italien mit Hilfe der Fluchtorganisation Bricha illegal nach Palästina geschleust worden waren – entschlossen zum Kampf. Die arabischen Gegner waren meist Analphabeten, schlecht organisiert, bäuerlich strukturiert. Der Jishuv wurde zudem von einer gut organisierten zionistischen Weltorganisation unterstützt. Golda Meir, seit 1946 Leiterin der Jewish Agency in Jerusalem und eine der einflussreichsten Zionistinnen (1948/49 Botschafterin in Moskau, 1956–1965 Außenministerin, 1969–1974 Ministerpräsidentin), konnte allein in den USA von Januar bis März 1948 50 Mio. $ an Spenden und im Mai/Juni noch einmal 50 Mio. $ für die Haganah sammeln. Damit wurden die Waffen aus der Tschechoslowakei bezahlt.[70]

Der von vielen so genannte »Bürgerkrieg« zwischen Juden und Arabern bis zur Gründung des Staates Israel im Mai 1948 bestand größtenteils aus gezielten Terroranschlägen. Besonders berüchtigt war die Gruppe Irgun unter Begin. Sie war auch verantwortlich für das Massaker im arabischen Dorf Deir Yassin, das zur Internationalen Zone von Jerusalem gehören sollte. Das Dorf wurde am 9. April überfallen, Männer, Frauen und Kinder ermordet, die zum Teil verstümmelten Leichen in Brunnen geworfen, die Überlebenden vertrieben. Damals war von 254 Toten die Rede. Alle waren an dieser hohen Zahl interessiert: die Haganah, um sich von der Irgun zu distanzieren, die Araber und Briten, um das Ansehen der Juden herabzusetzen, und die Irgun, um Angst und Schrecken zu verbreiten, damit die Araber flüchteten. Begin meinte später, Deir Yassin sei sechs Bataillone wert gewesen. Tatsächlich wurde es zu *dem* Symbol für zionistisches Unrecht. Als Vergeltung für das Massaker wurden sechs Tage später 70 jüdische Ärzte und Krankenschwestern von Arabern ermordet. [26, 18]

In jenen Wochen und Monaten vor Ausrufung des Staates Israel – und natürlich danach – ging es darum, möglichst viele Städte und Dörfer von Arabern zu »säubern«. Bis Mitte Mai war dieses Ziel großteils erreicht, Jaffa, Haifa, Akka, Safed und Tiberias waren zum Beispiel erobert, mehr als 300 000 Araber geflüchtet beziehungsweise vertrieben worden.

Der eigentliche Krieg begann am 15. Mai. Der Generalsekretär der Arabischen Liga verkündete: »Dies wird ein Ausrottungskrieg und ein Massaker sein, von dem man wie von dem mongolischen Massaker und den Kreuzzügen sprechen wird.« Es war nicht der in der offiziellen israelischen Geschichtsschreibung über Jahrzehnte verkündete Kampf David, nämlich Israel, gegen Goliath. Das war Legende, die Realität sah anders aus. Die arabischen Staaten hatten insgesamt 28 000 Soldaten, waren schlecht ausgerüstet, ihre Aktionen waren schlecht koordiniert und voller Misstrauen mit Blick auf König Abdullah von Jordanien, der seit zwei Jahren mit dem Jishuv verhandelte, um durch einen möglichen Kompromiss mit den Juden die Westbank zu kassieren. Bis Ende Oktober 1948 stieg die Zahl der arabischen Soldaten auf etwa 55 000. [18]

Zu Beginn der Kämpfe betrug die Stärke der neuen israelischen Armee – die IDF, Israel Defense Forces, die aus der Haganah, dem Palmach und den bis dahin unabhängig operierenden Terrororganisationen geformt war – 65 000 Soldaten. Im Frühjahr 1949 erreichte sie eine Stärke von 115 000 Mann. Entscheidend aber war in der ganzen Zeit, dass Israel das vom UNO-Sicherheitsrat am 29. Mai verkündete Waffenembargo gegen alle am Krieg beteiligten Staaten erfolgreich

Arabischer Staat
Jüdischer Staat
Neutrales Gebiet

LIBANON
Beirut
SYRIEN
Damaskus

Mittelmeer

Tel Aviv
Amman
Jerusalem
Totes
Meer
Gaza

ISRAEL

ÄGYPTEN

TRANSJORDANIEN

Sinai
Eilat

SAUDI-
ARABIEN

Rotes Meer

UN-Teilungsplan 1947.

unterlief. In erster Linie die Tschechoslowakei, aber auch private Waffenhändler kümmerten sich wenig um das Embargo, solange mit guten Dollars gezahlt wurde. Und Israel konnte für rd. 100 Mio. Dollar – nach heutigem Wert etwa 700 Mio. $ – Waffen kaufen. In der israelischen Armee dienten darüber hinaus mehr als 300 amerikanische und kanadische Soldaten mit Weltkrieg II-Erfahrung; israelische Piloten wurden von der tschechoslowakischen Armee ausgebildet; die Tschechoslowakei verkaufte allein von Januar 1948 bis Februar 1949 84 Jagdflugzeuge.

Am 11. Juni wurde ein Waffenstillstand bis zum 6. Juli vereinbart, den die Ägypter vorzeitig brachen. In dieser zweiten Phase des Krieges bis zum 19. Juli wurden die Araber an allen Fronten geschlagen. Israel ging es jetzt nur noch darum, so viel Land wie möglich zu gewinnen. Der schwedische UNO-Vermittler Graf Folke Bernadotte lehnte dies mit amerikanischer und britischer Rückendeckung ab, forderte die Internationalisierung Jerusalems und das Recht der Flüchtlinge auf Rückkehr. Er wurde am 18. September von jüdischen Terroristen ermordet. Sein Nachfolger, Ralph Bunche aus den Vereinigten Staaten, leitete dann von Januar bis Juli 1949 auf Rhodos die Waffenstillstandsverhandlungen zwischen Israel und den arabischen Staaten. Der militärische Sieger hieß Israel. Es hatte sein Territorium von 14100 auf 20700 km² erweitert.

Die Araber nennen das, was damals geschah, al-nakba, die Katastrophe. Und eine Katastrophe war es in der Tat. 1917 lebten etwa 690000 Araber und etwa 85000 Juden in Palästina (genaue Zahlen gab es nie). Jetzt war man eine unwichtige Minderheit in einem jüdischen Staat geworden. Mehr als 700000 Palästinenser waren Flüchtlinge geworden. Die Flüchtlingsfrage sollte in den nächsten Jahren und Jahrzehnten das entscheidende Problem werden. Sie waren nicht freiwillig gegangen, aufgefordert von den arabischen Staaten mit der Aussicht auf baldige Rückkehr, wie es jahrzehntelang in Israel hieß, sondern sie sind zumeist vertrieben und ihre Dörfer zerstört worden.

Ben Gurion hatte im Kabinett am 16. Juni 1948 klargestellt: Die Rückkehr der Flüchtlinge solle verhindert werden. Wenn man die Kräfte der Arabischen Liga gebrochen und Amman bombardiert habe,

Israel und seine arabischen Nachbarn nach dem Waffenstillstand von 1949.

»liquidieren wir Transjordanien, und dann wird Syrien fallen. Und falls Ägypten wagt, den Krieg gegen uns noch fortzusetzen, bombardieren wir Port Said, Alexandria und Kairo. So werden wir den Krieg beenden und die Rechnung unserer Vorväter mit Ägypten, Assyrien und Aram begleichen.« Dem stand die Forderung der UNO vom 11. Dezember 1948 (Resolution 194) gegenüber,

> »dass den Flüchtlingen, die in ihre Heimat zurückkehren und in Frieden mit ihren Nachbarn leben wollen, dieses zum frühest möglichen Zeitpunkt gestattet werden soll, und dass jenen, die nicht zurückzukehren wünschen, Entschädigung für ihr Eigentum, für den Verlust oder die Beschädigung des Eigentums zu zahlen ist«.

Israel wurde am 11. Mai 1949 Mitglied der UNO und verpflichtete sich, mit den arabischen Staaten über eine Verwirklichung der Resolution zu sprechen. Die Flüchtlinge lebten – und leben bis heute – im Gaza-Streifen, in der Westbank und in Ost-Jerusalem, das König Abdullah seinem Reich einverleibt hatte (beziehungsweise in den angrenzenden arabischen Ländern) in Lagern, die in den folgenden Jahrzehnten, vor allem nach 1967, zu Brutstätten des Terrorismus werden sollten.

Der Suezkrieg

Die Verstaatlichung der Suezkanal-Gesellschaft durch den ägyptischen Präsidenten Nasser im Juli 1956 war nicht der entscheidende Grund für diesen Krieg. Spätestens seit Beginn der sowjetischen Waffenlieferungen an Ägypten im Herbst 1955 gab es auf israelischer Seite Pläne für einen Präventivschlag gegen Ägypten. Diese Pläne wurden von Frankreich unterstützt. Die Nationalisierung der Suezkanal-Gesellschaft führte zur Koalition Frankreich-Großbritannien-Israel. Am Suezkanal waren britisch-französische Interessen massiv betroffen – Israel war hier ein willkommener Bündnispartner. Paris lud Israel Ende September zu Gesprächen über eine gemeinsame Militäraktion gegen Ägypten ein. Ben Gurion informierte das Kabinett darüber am 25. September: Falls es zu einer Kooperation kommen würde, müsse dies auf gleichberechtigter Basis stattfinden. Sein Ziel war die Kontrolle der Straße von Tiran, so dass Eilat zu einem großen Hafen ausgebaut und die Negevwüste entwickelt werden konnte.

Eine hochrangige israelische Delegation, unter anderem mit Golda Meir (Außenministerin), Shimon Peres (Generaldirektor des Verteidigungsministeriums) und Moshe Dajan (Chef des Generalstabes), traf zu Gesprächen mit dem französischen Außenminister Christian Pineau am 28. September in Paris zusammen. Pineau machte klar, dass die Aktion vor den amerikanischen Präsidentschaftswahlen am 6. November stattfinden solle: Eisenhower werde seinen Wählern sicher nicht das Schauspiel bieten, dass er mit den Sowjets zusammengehen und Frankreich und Großbritannien opfern werde. In den Gesprächen wurde deutlich, dass Frankreich nicht jene Flugzeuge hatte, um die ägyptische Luftwaffe auszuschalten, die ihrerseits israelische Städte bombardieren konnte. Von daher war eine Teilnahme der Briten absolut notwendig. Israel machte seine Beteiligung sodann von weiteren Zusagen abhängig: Waffenlieferungen von Frankreich und Großbritannien, Schutz des israelischen Luftraums und der Küste durch die französische Flotte und durch französische Flugzeuge – mit französischem Personal in Israel; Luftunterstützung bei Operationen auf dem Sinai, Austausch von Verbindungsoffizieren, französisches Veto im Sicherheitsrat, Bombardierung ägyptischer Städte durch Briten und Franzosen.[5]

Über die französisch-israelischen Planungen wurden die Briten nicht im Detail informiert. In London sah man bei einem israelischen Angriff Vorteile im Zusammengehen mit Frankreich. Am 16. Oktober kamen Premierminister Anthony Eden und Außenminister Selwyn Lloyd mit Ministerpräsident Guy Mollet und Außenminister Pineau zu weiteren Gesprächen in Paris zusammen. Eden stimmte einer Militäraktion am Suezkanal zu. Am 18. Oktober gab das britische Kabinett grünes Licht für die »Operation Musketeer«. Gemeinsam mit den Israelis wurden auf einer abschließenden Geheimkonferenz vom 22. bis 24. Oktober in einer Villa in Sèvres bei Paris die Operationspläne und Kriegsziele konkretisiert. Mit dabei waren von französischer Seite Mollet, Pineau, Verteidigungsminister Bourgès-Maunoury, von israelischer Seite Ben Gurion, Peres und Dajan, sowie der britische Außenminister Lloyd. Ben Gurion entwickelte hier zunächst seinen »Masterplan« für die weitere Entwicklung im Nahen Osten, der folgendermaßen aussah:

1. Aufteilung Jordaniens (des ehemaligen Transjordanien) zwischen dem Irak und Israel;
2. Teilung des Libanon: der Norden an Syrien, der Süden bis zum Litani-Fluss an Israel, der Rest ein christlicher Staat – mit Israel verbündet;
3. Bildung einer pro-westlichen Regierung in Syrien;
4. Internationalisierung des Suezkanals evtl. mit israelischen Truppen auf der Ost- und ägyptischen Truppen auf der Westseite;
5. der Sinai – ganz oder teilweise – sowie die Straße von Tiran unter israelischer Kontrolle;
6. Beseitigung Nassers.[31]

Die Franzosen reagierten zurückhaltend. Man konzentrierte sich zunächst auf die unmittelbar bevorstehenden Operationen. Ben Gurion stellte klar: »Die Aktion kann morgen beginnen, falls Großbritannien mitmacht.« In einem drei Seiten langen Geheimprotokoll wurden die einzelnen Schritte festgeschrieben: Angriff Israels am 29. Oktober, anschließend Ultimatum von Großbritannien und Frankreich an Israel und Ägypten, die Feindseligkeiten einzustellen und sich auf zehn Meilen vom Kanal zurückzuziehen (der entsprechende Text wurde bereits formuliert). Nach der erwarteten Ablehnung durch Nasser würden dann anglo-französische Truppen die Kanalzone sichern. De facto beschlossen Großbritannien, Frankreich und Israel damals in Sèvres den Krieg gegen Ägypten. Das Protokoll wollte Eden später vernichten lassen, Ben Gurion lehnte das allerdings ab.

Dajan setzte den Beginn des Krieges auf Montag, 29. Oktober, 17.00 Uhr, fest. Tatsächlich begann er einen Tag vorher in einer bislang wenig bekannten Aktion. Ein israelischer Meteor-Jet schoss nämlich eine ägyptische Iljuschin Militärtransportmaschine über dem Mittelmeer auf dem Weg von Syrien nach Ägypten ab. An Bord war zwar nicht wie erhofft der ägyptische Generalstabschef Amr, aber immerhin 18 Mitglieder des ägyptischen Generalstabs. Dajans Kommentar lautete: »Das war die erste Hälfte des Krieges. Lasst uns auf die zweite Hälfte anstoßen.« Am Nachmittag des 29. Oktobers zerstörten darüber hinaus vier israelische Mustang-Jäger mit ihren Tragflächen die wichtigsten Telefonleitungen auf dem Sinai, was dort zu einem Zusammenbruch der ägyptischen Kommunikation führte.

Wie in Sèvres vereinbart, landeten 395 israelische Fallschirmjäger östlich des Mitlapasses im Sinai, 72 km vom Suezkanal entfernt. Das war die von den Israelis zugesagte, von Selwyn Lloyd geforderte »wirkliche Kriegshandlung«, um Briten und Franzosen Grund für ihr Ultimatum zu geben. Wie sich die israelischen Truppen bis auf zehn Meilen östlich des Suezkanals zurückziehen sollten, wo sie noch mehr als 30 Meilen entfernt waren, blieb das Geheimnis der Krieg führenden Parteien. Als Nasser wie erwartet am 31. Oktober das Ultimatum ablehnte, bombardierten britische und französische Flugzeuge ägyptische Flugplätze. Sie zerstörten innerhalb von 48 Stunden etwa 200 Flugzeuge am Boden. Am 5. November begann dann die Invasion: Fallschirmjäger sprangen über Port Said am nördlichen Eingang des Suezkanals ab, am nächsten Tag landeten britische und französische Truppen in Port Said und stießen nach Süden vor. 150 km vor ihrem Ziel, Suez-City, stoppten sie am 7. November um 2.00 Uhr früh den Vormarsch: Paris und London befolgten damit einen Beschluss des UNO-Sicherheitsrats, den – bis dahin einmalig in der Geschichte der UNO – die USA und die Sowjetunion gemeinsam initiiert hatten.

Die Sowjetunion hatte Frankreich und Großbritannien darüber hinaus ultimativ damit gedroht, »mit der Anwendung von Gewalt die Aggressoren zu vernichten und den Frieden im Nahen Osten wiederherzustellen«. Und in einem Brief an Ben Gurion hieß es, Israels Angriff auf Ägypten säe »unter den Völkern des Nahen Ostens gegen den Staat Israel einen Hass, der sich auf die Zukunft Israels auswirken muss und seine staatliche Existenz in Frage stellt«. Ben Gurion notierte in sein Tagebuch, dieser Brief hätte auch von Hitler geschrieben sein können, die sowjetischen Panzer in Ungarn seien ein Beweis dafür, wozu »diese kommunistischen Nazis fähig sind. Das erfüllt mich mit Sorge, weil Syrien sowjetische Waffen erhält, und wir annehmen müssen, dass mit diesen Waffen auch ›Freiwillige‹ kommen.«

Aber es waren nicht die sowjetischen Drohungen, sondern Entscheidungen in Washington, die Großbritannien und dann auch Frankreich dazu brachten, die Aktion abzubrechen. Die Amerikaner kannten das Sèvres-Protokoll; Eisenhower hatte Eden daraufhin nachdrücklich gebeten, die Operation erst nach der Präsidentschaftswahl zu beginnen. Jetzt war er außer sich, fühlte sich von Eden hintergangen. Die Reaktion war massiver wirtschaftlicher Druck auf London, das Pfund Sterling fiel ins Bodenlose. Am 22. und 23. Dezember verließen die anglo-französischen Truppen Ägypten. Am nächsten Tag sprengten ägyptische Pioniere die Statue von Ferdinand de Lesseps, dem französischen Erbauer des Suezkanals, in Port Said in die Luft. Eden trat zwei Wochen später zurück. [18]

Israel war zunächst nicht bereit, seine Truppen aus dem Sinai zurückzuziehen, und dies trotz der UNO-Resolution vom 7. November. Auch hier übten die USA massiven Druck aus. Wirtschaftshilfe wurde eingestellt, UNO-Sanktionen angedroht, sogar der Ausschluss aus der UNO. Für Ben Gurion war jener 7. November ein Albtraum. Am 7. März 1957 verließen dann die letzten israelischen Soldaten ägyptisches Gebiet. Im Gaza-Streifen und in Sharm el Sheik zogen Einheiten der UNO-Friedenstruppe ein.

Der Sechstagekrieg

Am 5. Juni 1967, einem Montag, starteten um 7.45 Uhr 183 israelische Kampfflugzeuge zu einem überraschenden Präventivschlag, um die ägyptische Luftwaffe und deren Flughäfen zu zerstören. Um dem feindlichen Radar zu entgehen, flogen sie in niedriger Höhe einen Umweg über das Mittelmeer.

Der Zeitpunkt für den Angriff war in der Erwartung gewählt worden, dass sich die ägyptischen Piloten und Kommandeure in ihren Autos befanden – zurück vom häuslichen Frühstück. Die Rechnung ging auf, die Überraschung war perfekt:

Innerhalb von 70 Minuten wurden 197 ägyptische Flugzeuge vernichtet, davon 189 am Boden, und 16 Radarstationen. Sechs Flugplätze würden für lange Zeit nicht mehr benutzbar sein. Die zweite Angriffswelle begann um 9.34 Uhr. Weitere 107 ägyptische Flugzeuge und 14 Luftstützpunkte wurden zerstört. Damit hatte Ägypten drei Viertel seiner Luftstreitkräfte verloren. Der dritte Nahostkrieg – nach 1948/49 und 1956 – war nicht einmal drei Stunden alt, da stand der Sieger bereits fest: Israel.

Begonnen hatte alles schon Monate vorher und war im Grunde lediglich eine Fortsetzung der beiden erwähnten Kriege. Das Ziel der arabischen Nachbarn Israels war gleich geblieben: die Vernichtung des jüdischen Staates. Seit dem Suezkrieg hatte es – genau wie vor 1956 – immer wieder Zwischenfälle an den Grenzen gegeben, aber niemand hätte zu Beginn des Jahres 1967 voraussagen können, dass dieses Jahr so schicksalhaft für die Entwicklung des Nahen Ostens werden würde.

Im April gab es einen Zwischenfall an der israelisch-syrischen Grenze, in dessen Verlauf israelische Mirage-Flugzeuge sechs syrische MIGs abgeschossen hatten.

Die Spannungen waren maßgeblich durch den Streit um das Wasser des Jordan ausgelöst worden. Ende der fünfziger Jahre hatte

Israel mit Arbeiten an einem Rohrleitungssystem begonnen, um Wasser aus dem See Genezareth in die Negev-Wüste zu bringen. Die Arabische Liga hatte daraufhin mit der Ableitung der Quellflüsse des Jordan gedroht.

Als 1964 die Fertigstellung des Genezareth-Negev-Projektes näher rückte, hatten die 13 Staaten der Arabischen Liga am 17. Januar 1964 beschlossen, die geplanten Ableitungsarbeiten in Angriff zu nehmen. Entsprechende syrische Einrichtungen waren ein Jahr später von den Israelis mit Artillerie und Panzern zerstört worden – und zwar drei Kilometer innerhalb des syrischen Territoriums. Die Spannungen hatten anschließend kontinuierlich zugenommen, zumal Israel den Eindruck vermittelte, als ob es Syrien angreifen werde.

Nassers Prestige in der arabischen Welt stand auf dem Spiel. Am 16. Mai forderte er UN-Generalsekretär U Thant auf, die seit 1957 auf der Sinai-Halbinsel und im Gaza-Streifen stationierten UN-Truppen abzuziehen. Als U Thant problemlos und bereitwillig auf diese Forderung einging und den Befehl zum Abzug gab, ging Nasser einen Schritt weiter und verkündete am 22. Mai die Blockade der Meerenge von Tiran für Schiffe mit dem Ziel Eilat. Öffentlich machte er klar, worum es gehen würde:

>Die Juden haben mit Krieg gedroht; ich antworte: herzlich willkommen. Gut, wir sind zum Krieg bereit. Das Hauptziel, das wir in dem bevorstehenden umfassenden Krieg verfolgen, ist die Zerstörung Israels.«

Für Israel war das der Casus Belli. Israel hatte sich 1957 aus dem Sinai nur zurückgezogen, nachdem UN-Truppen den Gaza-Streifen und die Straße von Tiran zu sichern versprochen hatten, aber gleichzeitig klargemacht, dass es eine erneute Sperrung nicht hinnehmen werde. Dem hatten die USA ausdrücklich zugestimmt. Eilat war lebenswichtig; der gesamte Verkehr mit Afrika und Asien wurde über diese Stadt abgewickelt, die gesamte Ölzufuhr Israels lief über diesen Hafen.

LIBANON
Beirut ■

SYRIEN

■ Damaskus

Golanhöhen

Mittelmeer

Jüdischer Staat
Von Israel im Junikrieg 1967 besetzte Gebiete
Rückzugslinien von 1974/75

Tel Aviv ○

Westjordanland

■ Amman

■ Jerusalem

Totes Meer

Gazastreifen Gaza ○

ISRAEL

JORDANIEN

ÄGYPTEN

S i n a i Taba ○ Eilat ○○ Akaba

SAUDI-ARABIEN

Sharm el Sheik

Straße v. Tiran

Rotes Meer

Von Israel im Junikrieg 1967 besetzte Gebiete.

Am 29. Mai trat das israelische Kabinett zusammen und beschloss, die Blockade als Kriegserklärung und Kriegshandlung zu betrachten. Man begann mit demonstrativen Kriegsvorbereitungen, 15 000 Reservisten wurden einberufen, die Generalmobilmachung vorbereitet. Dennoch versuchte die Regierung zunächst noch, auf dem Verhandlungswege die Dinge zu klären.

Frankreich, seit Mitte der fünfziger Jahre der größte Waffenlieferant Israels, wandte sich ab. Staatspräsident Charles de Gaulle verfolgte eine andere Politik als seine Vorgänger. Er wollte sein Ansehen in der arabischen Welt verbessern und empfahl den Israelis: »Greift nicht an! Die Schließung der Straße von Tiran ist eine Sache, das Feuer zu eröffnen eine andere.« Israel solle mit der Blockade leben. Sollte es seinen Rat nicht akzeptieren, werde er ein vollständiges Waffenembargo über Israel verhängen. Die französisch-israelische Freundschaft war damit zu Ende.

Wie immer war auch diesmal die Haltung der USA entscheidend. Die hatten mit Vietnam genug zu tun und wollten sich nicht noch auf einem weiteren Kriegsschauplatz engagieren. Und so akzeptierte das israelische Kabinett am 27. Mai den Vorschlag von US-Präsident Lyndon B. Johnson, zwei Wochen zu warten, um auf dem Verhandlungswege die Öffnung der Straße von Tiran zu erreichen.

Das erregte damals den Zorn der israelischen Generäle, der Ruf nach dem »starken Mann« ertönte immer lauter. Schließlich wurde am 1. Juni eine »Regierung der nationalen Einheit« gebildet, in der Moshe Dajan, der Held des Suezkrieges 1956, Verteidigungsminister und Menachem Begin Minister ohne Geschäftsbereich wurde. Am 2. Juni wurde bekannt, dass Nasser seinen Stellvertreter am 7. Juni nach Washington schicken würde, um einen Kompromiss in der Blockadefrage auszuhandeln. Das war für das israelische Kabinett unannehmbar.

Am 4. Juni beschloss es einstimmig, nicht länger zu warten. Ausschlaggebend dafür war letztlich die Meldung des Chefs des israelischen Geheimdienstes Mossad, Meir Amit, gewesen, der sich inkognito in Washington aufhielt und mit ranghohen Vertretern der CIA und des Pentagon, nicht allerdings des State Department, das für Verhandlungen eintrat, gesprochen hatte. CIA und Pentagon, insbesondere Verteidigungsminister Robert McNamara, waren für den Präventivschlag, um erstens Nassers sowjetisches Waffenarsenal zu zerstören und zweitens dessen und Moskaus Prestige im Nahen Osten einen Schlag zuzufügen. Auch das Weiße Haus hatte Zustimmung signalisiert.[31]

Am Morgen des 5. Juni wurde der Schlag geführt, erst gegen Ägypten, dann gegen Syrien, wo israelische Jagdbomber 53 Flugzeuge, die Hälfte der einsatzfähigen syrischen Luftwaffe, zerstörten. Obwohl Israel Jordanien um 10.00 Uhr morgens an diesem Montag mitgeteilt hatte, dass dem Land nichts geschehen werde, wenn es sich aus dem Krieg heraushalte, griff Jordanien an: Die israelische Luftwaffe zerstörte daraufhin alle 28 jordanischen Kampfflugzeuge. Mit der Erringung der totalen Luftherrschaft war es Israel gelungen, eine wichtige Voraussetzung für den Sieg zu schaffen.

Die israelische Armee stieß in den nächsten Tagen in Richtung Suezkanal vor, der am 9. Juni erreicht wurde, am nächsten Tag war der ganze Sinai in israelischer Hand. Erst als es bereits zu spät war, erkannte die ägyptische Führung das ganze Ausmaß der Katastrophe.

Wir wissen erst seit kurzem, welche dramatischen Ereignisse sich damals im Kreml abspielten. Plötzlich und für die Sowjetunion völlig überraschend wandte sich der ägyptische Verteidigungsminister Amr mit einer Eilbotschaft Präsident Nassers an die sowjetische Führung: »Die Lage ist sehr gefährlich und kritisch und sie kann nicht länger als bis heute Nacht so bleiben.« Sechs Stunden später erklärte Amr im Auftrag Nassers dem sowjetischen Botschafter erneut, die Lage sei so ernst, dass es »notwendig ist, die Feuereinstellung bis 5.00 Uhr früh zu erreichen«. Der sowjetische Parteichef Leonid Breschnew erklärte später in einer Geheimrede vor dem Zentralkomitee der KPdSU, dass damit der »kritischste Augenblick für die VAR [Vereinigte Arabische Republik = Ägypten; ohne Syrien] im Verlauf der Kampfhandlungen« erreicht sei. Sein Bericht machte die verheerende Lage deutlich:

»Als wir diese alarmierende, die Dramatik der Situation an der ägyptisch-israelischen Front widerspiegelnde Meldung aus Kairo erhielten, hielten wir, die Mitglieder des Politbüros, um 1.00 Uhr nachts eine Sitzung ab. Wir überlegten mögliche Varianten, wie den eine Niederlage erleidenden Streitkräften der VAR geholfen werden könnte. Es konnte gar keine Rede davon sein, in den verbleibenden wenigen Stunden irgendwie nennenswerte Mengen technischer Kampfmittel, Panzer, Flugzeuge, dorthin zu befördern, um die im Grunde zusammenbrechende ägyptische Front zu stärken, den Vormarsch der israelischen Truppen auf den Suezkanal aufzuhalten und so die Hauptstadt und andere Städte der VAR aus der Luft zu decken. Dabei musste in Rechnung gestellt werden, dass der ägyptischen Militärführung die Leitung der Truppen faktisch aus den Händen geglitten war. Diese befanden sich in einem Zustand des Chaos und der Fassungslosigkeit, viele Flugplätze, auf denen unsere Flugzeuge hätten landen können, waren zerstört. In dieser Situation war es das einzig Richtige, alle politischen und diplomatischen Mittel einzusetzen, um zu versuchen, die VAR dem Schlag zu entziehen.«

Ähnlich katastrophal war auch die Lage der jordanischen Armee, obwohl die Kämpfe in Jordanien und besonders um Jerusalem die verlustreichsten der israelischen Armee waren. Am 6. Juni teilte König Hussein dem sowjetischen Botschafter mit: »Das ist der schwerste Tag in meinem Leben. Nur die unverzügliche Feuereinstellung kann Jordanien retten.« In der Nacht zum 7. Juni wiederholte auch Nasser die dringende Bitte, den Vormarsch der israelischen Truppen aufzuhalten und bis 5.00 Uhr morgens eine Feuereinstellung zu erreichen.

Sowjetische Initiativen im Sicherheitsrat scheiterten zunächst. Die USA hielten den Israelis den Rücken frei. Sowjetische Drohungen, bei einer Fortsetzung der Kampfhandlungen die Beziehungen zu Israel zu prüfen und andere erforderliche Maßnahmen zu erwägen, erwiesen sich ebenfalls als wirkungslos. Israel setzte seine Operationen fort.

7. Juni 1967 (v. l.): General Uzi Narkiss, Verteidigungsminister Moshe Dajan und Generalstabschef Yitzhak Rabin betreten durch das Löwentor die Altstadt von Jerusalem. Elf Jahre zuvor, nach dem Suezkrieg, hatte Dajan das Verhältnis Israels zu den Arabern einmal folgendermaßen beschrieben: »Wir sind eine Generation von Siedlern, und ohne Stahlhelm und Gewehr werden wir keinen Baum pflanzen und kein Haus bauen können. Wir wollen uns ohne Furcht dem Hass der uns umgebenden Araber stellen. Das ist das Schicksal unserer Generation. Das ist unsere Aufgabe: bereit und bewaffnet zu sein, hart und unnachgiebig – oder wir legen das Schwert aus der Hand und verlieren das Leben.«

In Ost-Jerusalem wurde zu dem Zeitpunkt um jede Straße und jedes Haus gekämpft. Am 7. Juni erreichten israelische Truppen, an ihrer Spitze Moshe Dajan, die Klagemauer, wo der Verteidigungsminister erklärte:

»Wir haben das geteilte Jerusalem, die gespaltene Hauptstadt Israels, von neuem vereint; wir sind zu unseren heiligen Stätten zurückgekehrt, um uns nie wieder von ihnen zu trennen.«

Am 9. Juni zog Israel seine Streitkräfte im Norden zusammen und eroberte den Golan. Am Abend des 9. Juni kündigte Nasser seinen Rücktritt an. Dies wollte die Sowjetunion unter keinen Umständen zulassen. Das Politbüro der KPdSU sicherte Nasser sofortige politische und moralische Unterstützung zu:

»Die arabische Welt und alle fortschrittlichen Kräfte in der Welt werden Ihren Rücktritt von der Führung des Landes in diesem verantwortungsvollen Augenblick nicht verstehen und nicht billigen.«

Nasser blieb im Amt. In Moskau atmete man auf. Ein wichtiges Ziel war erreicht. Breschnew sagte später vor dem ZK:

»Unser Handeln in der für die VAR kritischen Situation war darauf gerichtet, den Aggressor aufzuhalten, solange die arabischen Staaten noch einen bedeutenden Teil ihrer Streitkräfte bewahrt hatten, die Eroberung Kairos und Damaskus' durch die israelischen Truppen nicht zuzulassen und vor allem den Sturz des fortschrittlichen Regimes in der VAR zu verhindern, was – davon sind wir überzeugt – eine Kettenreaktion auch in anderen arabischen Staaten zur Folge gehabt hätte.«

Inzwischen setzte die israelische Armee im Norden ihren Siegeszug fort. Die syrischen Absperrungen wurden durchbrochen. Am 10. Juni gegen Mittag fiel Kuneitra, der Hauptstützpunkt der Syrer auf dem Golan. Der Weg nach Damaskus war frei. In dieser dramatischen Situation bat die Regierung Syriens die Sowjetunion geradezu verzweifelt, »beliebige Schritte zu unternehmen, und zwar in den nächsten zwei bis drei Stunden, da es sonst zu spät sein würde.« Breschnew vor dem ZK: »Das war der zweite kritische Punkt in der Nahostkrise.«[50]

Der Krieg drohte in einen internationalen Konflikt zu eskalieren. Dem im Mittelmeer befindlichen Verband sowjetischer Kriegsschiffe, einschließlich eines Raketenkreuzers, wurde der Befehl erteilt, in Begleitung einiger U-Boote Kurs auf die Küste Syriens zu nehmen. Israel wurde gewarnt, dass die Sowjetunion, falls es nicht unverzüglich die Kampfhandlungen einstelle, »gemeinsam mit den anderen friedliebenden Staaten gegenüber Israel Sanktionen mit allen sich daraus ergebenden Folgen durchführen wird«. Gleichzeitig mit diesem Ultimatum wurde eine Botschaft an US-Präsident Lyndon B. Johnson übermittelt, in der betont wurde, dass Israel die Beschlüsse des Sicherheitsrats völlig ignoriere. Sollten die Kriegshandlungen nicht in den allernächsten Stunden beendet werden, sehe sich die Sowjetunion »zu selbstständigen Handlungen« gezwungen. Das war die klare Drohung, dass der Kreml auf Seiten der geschlagenen arabischen Staaten eingreifen werde – auch auf das Risiko eines militärischen Konfliktes mit den USA hin. »Diese Handlungen«, so hieß es in der Note an Washington,

> »können einen Zusammenstoß zwischen uns bewirken und zu einer großen Katastrophe führen. Offensichtlich gibt es in der Welt Kräfte, für die das vorteilhaft wäre. Wir schlagen Ihnen vor, von Israel zu fordern, dass es in den allernächsten Stunden die Kriegshandlungen bedingungslos einstellt. Wir werden unsererseits dasselbe tun. Wir schlagen vor, Israel zu warnen, dass im Falle der Nichterfüllung dieser Forderung die notwendigen Aktionen, einschließlich militärischer Aktionen, eingeleitet werden.«

Erstmals in der Geschichte des Kalten Krieges benutzte der Kreml die Fernschreibverbindung nach Washington, jenen »Heißen Draht«, der nach der Kubakrise 1962 im Jahre 1963 eingerichtet worden war. In Washington erkannte man den Ernst der Situation, im Weißen Haus herrschte größte Anspannung. Für Verteidigungsminister Robert McNamara war der Inhalt der sowjetischen Botschaft unmissverständlich: »Herr Präsident, wenn Sie Krieg wollen, werden Sie Krieg bekommen.« Johnson wollte keinen Krieg – er hatte bereits einen in Vietnam.

Im verlassenen Kuneitra stoppten die Israelis ihren Vormarsch und stimmten am 10. Juni, 18.30 Uhr, der Forderung der Vereinten Nationen nach Einstellung des Feuers zu.

Der Sechstagekrieg hatte von 5. bis 10. Juni gedauert, eine knappe Woche, die das Leben der Menschen in den beteiligten Staaten vollkommen veränderte. Israel hatte das Dreifache seines ursprünglichen Territoriums erobert, mit einer Million Menschen. Auf arabischer Seite waren etwa 15000 Soldaten gefallen; Israel hatte 779 Tote zu beklagen. Gegenüber 430 zerstörten feindlichen Kampfflugzeugen hatte Israel 40 Maschinen seiner Luftwaffe eingebüßt; mehr als 1000 ägyptische Panzer waren zerstört worden. 500000 Palästinenser waren auf das Ostufer des Jordan geflüchtet. Israel hatte zwar auch diesen Krieg gewonnen, aber der Friede war erst recht nicht in Sicht. Es war jetzt auch noch Besatzungsmacht geworden. Und im besetzten Gebiet, das etliche Juden als »befreit« bezeichneten, wurden von nun an jüdische Siedlungen errichtet. (Im Jahre 2003 waren es etwa 200 mit insgesamt 230000 Bewohnern – für jede Friedensregelung eines der größten Probleme.)

Der Irak

Als im Irak-Krieg im März 2003 britische Truppen auf Basra vorstießen, wurde daran erinnert, dass die Briten schon im Ersten und im Zweiten Weltkrieg in jenem Land gekämpft hatten. Am 11. März 1917 waren sie als »Freunde der Araber« erstmals in Bagdad eingerückt. Es war der Höhepunkt eines langen und verlustreichen Feldzuges gewesen. Zweieinhalb Jahre zuvor hatten die zu mehr als der Hälfte aus Indien stammenden Soldaten im Süden Mesopotamiens begonnen, die osmanische Armee zurückzudrängen.

Der britische Befehlshaber General Stanley Maude umwarb die Bewohner von Bagdad mit dem Versprechen, Großbritannien und seine Verbündeten würden die »seit 26 Generationen« anhaltende Herrschaft »ausländischer Tyrannen« beenden. Nach der Eroberung Bagdads wurde der Rest des Landes besetzt, wobei es vor allem um die nördlichen Ölfelder um Mossul ging. Das war auch mitentscheidend bei der Gründung des neuen Staates Irak: Die drei Volksgruppen – Kurden, Schiiten und Sunniten – die während der osmanischen Herrschaft in drei separaten Provinzen gelebt hatten, wurden nun in dem neuen Staat »zwangsvereint«.[29]

Als König Feisal 1921 von den Franzosen aus Damaskus vertrieben wurde, erhielt er von den Briten als »Trostpreis« den Irak, wo er zwar König, der britische Hochkommissar Sir Percy Cox allerdings der eigentliche Herrscher war. Schon damals erhob der Irak Anspruch auf Kuwait, das während der osmanischen Zeit Teil der südlichen Provinz gewesen war. Dieser Konflikt sollte 40 Jahre später wieder aufbrechen. 1930 gewährten die Briten dem Irak die nominelle Unabhängigkeit, blieben aber de facto die Herrscher im Lande. Das wurde im Zweiten Weltkrieg deutlich. Das wiederum hatte auch etwas zu tun mit der Entwicklung in Palästina. Der Ende 1939 aus Jerusalem geflohene Großmufti setzte von Bagdad aus seinen Kampf gegen Briten und Zionisten fort – als erklärter Anhänger Hitlers. Im Januar 1941 schickte er seinen Sekretär mit einem Brief zu Hitler, in dem er seine Sympathie mit Nazi-Deutschland bekundete und seine Hoffnung auf die »wohlverdiente Niederlage der anglo-jüdischen Koalition« äußerte.

Im April 1941 putschte die irakische Armee unter Raschid Ali al-Gailani. In Bagdad wurden alle Schlüsselstellungen besetzt, auch die britische Botschaft; Gailani wurde zum neuen Ministerpräsidenten ernannt. Es folgten 30 Tage, die den Irak und den Nahen Osten erschütterten. Zur gleichen Zeit stieß Rommel in Nordafrika vor, Kreta wurde erobert, und die Italiener bombardierten Haifa. Die Briten vermuteten, dass deutsche Truppen in Syrien landen und über den Irak und Iran nach Indien vorstoßen würden. Der Irak sollte damals die Initialzündung zur arabischen Erhebung in der Region sein. Mit Hilfe der Deutschen wollte man das »Joch der Engländer« abschütteln und sich der Macht Londons entledigen. Der Großmufti rief zum Djihad auf. Churchill erkannte die Gefahr; als die Kämpfe begannen, ließ er die Truppen in Basra verstärken. Gleichzeitig griffen die Iraker den britischen Luftwaffenstützpunkt Habbaniya an.

Die Achsenmächte und die Sowjetunion hatten inzwischen die pro-deutsche Regierung in Bagdad anerkannt, die ihrerseits Hilferufe an Berlin richtete. Dort zögerte man. Hitler bereitete den Russlandfeldzug vor, in Nordafrika war die Front in Bewegung, Kreta noch nicht konsolidiert. Schließlich schickten die Deutschen einige Jagdflugzeuge. Major Blomberg sollte die Aktionen mit denen der Aufständischen koordinieren. Sein Flugzeug wurde beschossen und er getötet. Erst am 23. Mai entschloss sich Hitler, den Putsch rückhaltlos und mit aller Macht zu unterstützen. Doch da war es bereits zu spät. Die Royal Air Force hatte die deutschen Flugzeuge in Mossul zerstört, Ende Mai eroberten die Briten Bagdad zurück, wo zuvor bei einem Pogrom 150 Juden umgebracht worden waren.

Die meisten Putschisten flohen über die Türkei und den Iran nach Berlin, wo sie bis zum Ende des Krieges lebten. Der Großmufti organisierte in Berlin antijüdische Rundfunksendungen in den Nahen Osten. Al-Gailani, in Bagdad in Abwesenheit zum Tode verurteilt, ging nach Saudi-Arabien, dann nach Kairo. Churchill meinte damals: »Hitler verschenkte die Gelegenheit, im Nahen Osten mit geringem Einsatz viel zu gewinnen.« Der ehemalige deutsche Geschäftsträger in Bagdad, Fritz Grobba, klagte: »Das deutsche Prestige wird lange darunter leiden.«

In Bagdad regierte in den folgenden Jahren Nuri al-Said, ein Mann der Briten, der die Interessen des Irak in einer Zusammenarbeit mit Großbritannien am besten gewahrt sah.

Für viele Araber war al-Said nur ein britischer »Imperialistenknecht«. Das wurde besonders deutlich, als er den Briten im Suezkrieg irakische Flughäfen zur Verfügung stellte und für Nachschub sorgte. Demonstranten im eigenen Land ließ er brutal zusammenschießen. In dem unruhigen Jahr 1958 kam es dann zum blutigen Putsch in Bagdad. Abd al-Karim Kasim stürzte die Monarchie, König Feisal II. und fast die gesamte Königsfamilie wurden erschossen, genauso wie Nuri al-Said, dessen Leiche vom Mob exhumiert und in Stücke gerissen wurde. Zehn Jahre später ergriff die revolutionäre Baath-Partei die Macht im Irak. Mit dabei war schon Saddam Hussein, der Generalsekretär der Partei wurde. Elf Jahre später, am 16. Juli 1979, übernahm er die Macht im Lande.[4]

Während der »Gottesstaat Iran« den islamischen Fundamentalismus khomeinischer Prägung über die Grenzen des Landes hinaus exportieren wollte, um die Einheit aller Muslime in einem islamischen Großreich herzustellen, ging es Saddam Hussein in der Folge um die Einheit aller Araber in einer arabischen Nation. Der Irak sollte so etwas wie die Schutzmacht der arabischen Golfstaaten werden. Einige sprachen von hegemonialen Ansprüchen Husseins.

Am 22. September 1980 griff der Irak den Iran an. Die Luftwaffe bombardierte militärische Ziele, am nächsten Tag überschritten 200 000 Soldaten die Grenze. Dem irakischen Diktator ging es darum, einige alte Rechnungen zu begleichen, das heißt erstens um Kontrolle über den Schatt el-Arab, auf einer Länge von 250 km Grenzfluss zwischen den beiden Ländern und für den Irak die einzige Verbindung zum Meer und dessen Haupttransportweg für den Ölexport sowie für den Import von Industriegütern, sowie zweitens um die Eroberung der erdölreichen Provinz Khuzestan im Iran. Hinzu kam der Aufruf der Iraner an die von Hussein unterdrückten Schiiten im Land, Hussein zu stürzen und eine islamische Republik wie im Iran zu errichten. Die infolge der Khomeini-Revolution im Iran entstandene chaotische Situation führte Hussein offensichtlich zu der falschen Annahme, leichtes Spiel mit dem Iran zu haben.

Es wurde kein schneller Sieg für den Irak. Der Krieg dauerte bis 1988 und wurde damit zum längsten Konflikt in der Region; er war gleichzeitig einer der blutigsten und grausamsten. Zeitlich fällt er in etwa mit der Präsidentschaft von Ronald Reagan in den USA zusammen. Zu Beginn der Auseinandersetzung setzte Reagan die Embargopolitik seines Vorgängers Carter fort; Henry Kissinger meinte an einer Stelle einmal, am besten sei es, wenn weder der Irak noch der Iran gewinnen, sondern beide Seiten verlieren würden.[29]

Als im März 1982 der Iran eine erfolgreiche Gegenoffensive startete, änderte sich diese Haltung: Von nun an unterstützte Washington den Irak. Eine Gruppe in Washington unter Führung von Verteidigungsminister Caspar Weinberger betrachtete den Iran als die größte Gefahr für die amerikanischen Interessen am Golf, während eine andere

Gruppe davon überzeugt war, dass der Iran grundsätzlich gegenüber der Sowjetunion feindlicher eingestellt sei als gegenüber Amerika. Dies führte zu jenen geheimen Waffenlieferungen an den Iran, die später in Washington als »Irangate« bekannt wurden. Man sprach auch von der Iran-Contra-Affäre, weil die Gelder aus den illegalen Waffenverkäufen an die Contras in Nicaragua weitergeleitet wurden.

In der dritten Phase des Krieges von 1986 bis 1988 wurden die USA ganz offiziell der Garant für die Sicherheit des Irak. Ausgangspunkt war die Besetzung der Halbinsel Fao im Februar 1986 durch den Iran. Im Juli 1987 verabschiedete der UNO-Sicherheitsrat die Resolution 598, in der beide Seiten aufgefordert wurden, den Krieg zu beenden. Es dauerte ein weiteres Jahr, nachdem die USA ein Waffenembargo gegen den Iran durchgesetzt hatten, bis der Irak wieder in der Lage war, massiv gegen den Iran vorzugehen. Die Angriffe demoralisierten den Iran, der am 18. Juli 1988 die UNO-Resolution akzeptierte. Am 20. August trat der Waffenstillstand in Kraft. Damit war Saddam Hussein bei der Aufrechterhaltung des Status quo am Golf so etwas wie der Juniorpartner der USA geworden – eine bemerkenswerte Fehlentscheidung der amerikanischen Politik, was zwei Jahre später deutlich wurde.[29]

Am 2. August 1990 überfielen nämlich irakische Truppen Kuwait. Noch am selben Tag forderte der UNO-Sicherheitsrat den unverzüglichen und bedingungslosen Rückzug der irakischen Truppen. Dem folgten weitere Resolutionen, die Hussein alle ignorierte. Am 14. August erklärte er sich zum Rückzug bereit, wenn sich gleichzeitig auch die Israelis aus den von ihnen besetzten Gebieten zurückziehen würden. Diese Verknüpfung lehnten die USA ab, während sie bei den Palästinensern populär war. Die PLO unter Führung von Arafat unterstützte von nun an Saddam Hussein – auch dies eine fatale Fehlentscheidung.

Unter Führung der USA verabschiedete der UNO-Sicherheitsrat am 29. November die wichtigste Resolution. Die Mitgliedstaaten wurden aufgefordert, »alle erforderlichen Mittel einzusetzen«, falls der Irak nicht bis zum 15. Januar 1991 die bisherigen Beschlüsse des Sicherheitsrats umgesetzt habe. Mit anderen Worten: Ab dem 15. Januar 1991 würde Kuwait mit militärischen Mitteln befreit. Am 17. Januar 1991 begann unter Führung der USA die Operation »Wüstensturm«. Nach 42 Tagen war alles vorbei; die Irakis hatten kaum Widerstand geleistet. Eine kritische Phase war der Abschuss von Scud-Raketen gegen Israel, hatte doch Hussein im April 1990 damit gedroht, chemische Waffen gegen Israel einzusetzen. Die Raketen waren aber eher harmlos, Israel griff nicht in die Kämpfe ein. Husseins Niederlage schwächte vor allen Dingen auch die PLO, die von nun an wenig Unterstützung von den übrigen arabischen Staaten erhielt.

Am 1. Mai erklärte US-Präsident George W. Busch vollmundig auf einem Flugzeugträger den Krieg für beendet (»mission accomplished«). Die vielzitierten Massenvernichtungswaffen, äußerer Anlass für den Krieg, wurden nicht gefunden: es gab sie nicht. Der Irakkrieg ist inzwischen ein Kapitel für sich. Ende 2011 haben die letzten US-Truppen jedenfalls den Irak verlassen – nach einer unendlichen Geschichte von Leid und Terror.

Durch diesen Krieg, aber auch durch das Ende der Sowjetunion hatten die USA ihre Vormachtstellung im Nahen Osten massiv verstärkt. Ein offensichtlicher strategischer Fehler war es, dass Präsident George Bush den Vormarsch auf Bagdad gestoppt hatte und Saddam Hussein so weiter an der Macht blieb. In den folgenden Jahren negierte der irakische Diktator sämtliche UNO-Resolutionen. 1998 verwies er die UNO-Waffeninspekteure des Landes. Hussein, der Giftgas gegen seine eigene Bevölkerung eingesetzt hatte, war verpflichtet worden, sämtliche Massenvernichtungswaffen zu zerstören.

Nach den Terrorangriffen auf die USA am 11. September 2001 verschärfte sich die Haltung der neuen US-Regierung unter George W. Bush. In einer Rede zur Lage der Nation nahm der Präsident am 29. Januar 2002 den Irak ins Visier. Er bilde zusammen mit dem Iran

April 2003: Ende des Regimes von
Saddam Hussein im Irak.

und Nordkorea eine »Achse des Bösen«. Ein Jahr nach den Terroranschlägen stellte die US-Regierung eine neue Sicherheitsstrategie mit
der Möglichkeit von Präventivschlägen vor. Am 8. November 2002 verabschiedete der UNO-Sicherheitsrat dann die inzwischen von den USA
und Großbritannien eingebrachte berühmte Resolution 1441, in der
Bagdad unter Androhung »ernster Konsequenzen« zum Offenlegen
seiner Waffenprogramme verpflichtet wurde. Die UNO schickte erneut
Waffeninspekteure ins Land, die am 27. Januar 2003 dem Irak Ver-
säumnisse bei der Aufdeckung der Rüstungsprogramme vorwarfen
und mehr Zeit forderten. Frankreich, Deutschland und Russland unterstützten diese Forderung, Amerikaner und Briten lehnten sie ab. Für sie
war der Zeitpunkt gekommen, militärisch gegen den Irak vorzugehen
– entsprechend der Resolution 1441. Das geschah am 21. März. Erklärtes
Ziel war die Zerstörung von Massenvernichtungswaffen, letztlich ging
es aber um die Beseitigung von Saddam Hussein und um einen »Regi-
mewechsel«. Nach drei Wochen war dieses Ziel erreicht.

Die UNO

Mit keinem Krisengebiet der Welt hat sich die UNO so oft beschäftigt wie mit dem Nahen Osten und da in erster Linie mit dem israelisch-arabischen Konflikt (und innerarabischen Konflikten). Fast die Hälfte der insgesamt von der UNO-Vollversammlung und dem UNO-Sicherheitsrat verabschiedeten Resolutionen bezieht sich darauf. Wenn man so will, kann man die Vorläuferorganisation der UNO, den Völkerbund, dafür mitverantwortlich machen. Er übertrug nämlich Großbritannien und Frankreich 1922 das Mandat für die später so umstrittenen Gebiete. Für Palästina wurde dabei die Balfour-Deklaration vom November 1917 in den Mandatstext übernommen, das heißt, Großbritannien war von nun an verantwortlich für die Errichtung der »nationalen Heimstätte für das jüdische Volk in Palästina«.

Die britische Regierung gab diesen Auftrag im Frühjahr 1947 zurück, die UNO setzte eine Sonderkommission (UNSCOP) ein, die sich mit dem Problem beschäftigen sollte. Ihre Empfehlung floss in den Beschluss der UNO-Vollversammlung vom 29. November 1947 ein, der die Teilung Palästinas in zwei Staaten vorsah. In der Folge der sich daran anschließenden Konflikte wurde die UNO immer wieder aktiv: 1948/49 (1. israelisch-arabischer Krieg), 1956 (Suezkrieg), 1967 (Sechstagekrieg), 1973 (Yom Kippur-Krieg), 1982 (Libanonkrieg), dann 1980–1988 im Krieg Iran-Irak, 1990/91 im Golfkrieg und 2003 im Irakkrieg. Erfolg hatte sie meist nur, wenn alle Beteiligten zustimmten, was zwar selten genug der Fall war, aber dennoch so manchen Konflikt entschärfte.

Es begann am 17. April 1948, als der Sicherheitsrat die Einstellung aller Kampfhandlungen forderte und zu diesem Zweck die Waffenstillstandskommission »United Nations Truce Commission« (UNTC) zur Schaffung und Überwachung eines Waffenstillstandes bildete, den es dann aber nicht gab. Als der Krieg nach Ausrufung des Staates Israel offen ausbrach, stellte der Sicherheitsrat am 29. Mai die

Beobachtergruppe »United Nations Truce Supervision Organization« (UNTSO) auf; sie war die erste UN-Truppe in der Geschichte der UNO und sollte den schwedischen Vermittler Graf Folke Bernadotte und die UNTC unterstützen. Sie wurde an den Grenzen zwischen Israel und seinen Nachbarn auf dem Gebiet aller fünf Staaten verteilt. Einen Waffenstillstand gab es aber erst, als Israel dem zustimmte. (Die UNTC mit Hauptquartier Jerusalem gibt es bis heute.)

Ein besonderes Anliegen der UNO waren von Anfang an auch die palästinensischen Flüchtlinge (Resolution 194 vom 11.12.1948). Die damalige Weigerung Israels, diesen Flüchtlingen (und jenen des Sechstagekrieges) die Rückkehr zu gestatten, ist bis heute *der* entscheidende Streitpunkt bei einer möglichen Friedensregelung geblieben. Israel erließ am 5. Juli 1950 ein anderes Rückkehrgesetz (»law of return«): für alle Juden der Welt, da Israel die Heimat aller Juden sei. Die UNO selbst errichtete am 8. Dezember 1949 das UNO-Hilfswerk für Palästinaflüchtlinge im Nahen Osten (United Nations Relief and Works Agency for Palestine Refugees in the Near East, UNRWA). Die Zahl der Flüchtlinge stieg nach jedem Krieg. Das UNO-Hilfswerk besteht immer noch; es betreut heute etwa 3,6 Millionen Flüchtlinge.

Nach dem Suezkrieg zogen Briten und Franzosen im Dezember 1956 ihre Truppen zurück, nicht jedoch die Israelis, die den ganzen Sinai, den Gaza-Streifen und die Straße von Tiran kontrollierten. Ben Gurion wollte für den Rückzug vom Sinai die Garantie für eine freie Durchfahrt in der Straße von Tiran. Vier Monate dauerte es, bis auf Vermittlung von Kanadas Außenminister Lester »Mike« Pearson eine Lösung gefunden wurde. Auf seine Initiative hin wurde eine multinationale United Nations Emergency Force (UNEF I) gebildet, die zunächst den anglo-französischen Rückzug überwachen sollte.

Nasser lehnte dann den Vorschlag ab, diese Truppe auch für die israelisch-ägyptische Grenze einzusetzen. Der tote Punkt wurde schließlich durch zwei Vereinbarungen überwunden: Zum einen sagte UNO-Generalsekretär Dag Hammarskjøld Nasser zu, dass

Ägypten das Recht habe, den Abzug der Truppe zu fordern, nachdem die Generalversammlung geklärt hatte, ob die Friedenstruppe ihre Aufgabe erfüllt habe. Zum anderen sicherte US-Außenminister John Foster Dulles seiner israelischen Kollegin Golda Meir zu, dass die USA jeden Versuch Ägyptens, die Straße von Tiran erneut zu blockieren, als Kriegshandlung interpretieren würden, auf die Israel im Sinne des Artikels 51 der UNO-Charta reagieren könne (was 1967 geschah). Am 11. März 1957 gab es damit auf dem Sinai die erste Peace-Kee-ping-Truppe der UNO, die allerdings im Vorfeld des Sechstagekrieges abgezogen wurde.[18]

Am 22. November 1967 verabschiedete der Sicherheitsrat die Resolution 242, die bis heute die völkerrechtliche Grundlage aller Bemühungen um eine Friedenslösung im Nahen Osten geblieben ist. Sie bekräftigte als Grundsätze eines gerechten und dauerhaften Friedens in Nahost einerseits den »Rückzug israelischer Streitkräfte aus Gebieten, die während des jüngsten Konfliktes besetzt wurden«, und andererseits die »Anerkennung der Souveränität der territorialen Unversehrtheit und der politischen Unabhängigkeit eines jeden Staates in dem Gebiet und seines Rechts, innerhalb sicherer und anerkannter Grenzen in Frieden zu leben, frei von Drohungen und Akten der Gewalt«. Die Resolution war von Anfang an umstritten, da die offizielle englische Version Israels Rückzug »aus Gebieten« (*from territories*), nicht jedoch aus *allen* Gebieten forderte.[14]

Während des Yom-Kippur-Krieges 1973 einigten sich Amerikaner und Sowjets am 21. Oktober auf einen Text, der vom Sicherheitsrat noch in der folgenden Nacht als Resolution 338 übernommen wurde. Die Parteien wurden aufgefordert, das Feuer einzustellen, gleichzeitig »mit der Erfüllung der Resolution 242 des Sicherheitsrates in allen ihren Bestandteilen zu beginnen«. Syrien nahm die Resolution 338 an, und damit auch die Resolution 242. Die PLO lehnte beide kompromisslos ab. Fast gleichzeitig wurde der erneute Einsatz jener United Nations Emergency Force (UNEF II) gefordert, die bei der

Suezkrise eingesetzt worden war. Von Zypern aus wurden daraufhin UN-Soldaten in die Krisenregion verlegt. Auch für die syrische Front, und zwar am Golan, wurde eine UNO-Puffertruppe aufgestellt, die United Nations Disengagement Observer Force (UNDOF), die dort bis heute den Waffenstillstand überwacht. Ähnlich die United Nations Interim Force in Lebanon (UNIFIL), die im Süden des Libanon stationiert ist.

1974 kam der Durchbruch für Yassir Arafat. Am 13. November sprach er vor der UNO-Vollversammlung. Israel war zwar für die PLO nach wie vor nur jenes »zionistische Gebilde«, aber Arafat bot den Juden Partnerschaft »in einem demokratischen Palästina« und »bei gerechten Friedensvereinbarungen« an und appellierte gleichzeitig »an das amerikanische Volk, dem Recht und der Gerechtigkeit beizustehen«. Er forderte schließlich die Auflösung Israels und die Gründung eines neuen Staates im ehemaligen britischen Mandatsgebiet. Damit verlangte er nichts anderes als die Aufhebung der Resolution von 1947; trotzdem erntete er Beifall. Die UNO, die letztlich die Gründung des Staates Israel erst ermöglicht hatte, applaudierte jetzt bei der Forderung, ihn abzuschaffen. Die UNO von 1974 war eben nicht mehr die UNO von 1947.

Zehn Tage nach Arafats Rede verabschiedete die Generalversammlung zwei Resolutionen zur Palästina-Frage: Mit 89 Stimmen gegen die Stimmen Israels, der USA und sechs weiterer Staaten (bei 37 Enthaltungen) wurden »die unveräußerlichen Rechte des palästinensischen Volkes in Palästina, darunter

a) das Recht auf Selbstbestimmung ohne Einmischung von außen,

b) das Recht auf nationale Unabhängigkeit und Souveränität«, bestätigt und gleichzeitig anerkannt, »dass das palästinensische Volk bei der Schaffung eines gerechten und dauerhaften Friedens im Nahen Osten ein Hauptbeteiligter ist«. Die Palästinenser waren damit erstmals international als »Volk mit berechtigten Ansprüchen« anerkannt worden; sie waren nicht mehr nur Flüchtlinge, die zerstreut in verschiedenen Ländern lebten und in verschiedenen Lagern hausten.

Ein Jahr später kam es fast zum Skandal. Mit 72 Ja- und 35 Nein-Stimmen bei 32 Enthaltungen stellte die UNO-Vollversammlung am 10. November 1975 fest, »dass der Zionismus eine Form des Rassismus und der rassischen Diskriminierung ist«. Diese Resolution wurde allerdings am 16. Dezember 1991 von der Vollversammlung für ungültig erklärt. Erst 1988, ein Jahr nach Beginn der Intifada, akzeptierte dann die PLO die Resolutionen 242 und 338, die nach wie vor die Grundlage einer zukünftigen Friedensregelung sind.

Seit dem Ende des Kalten Krieges stand und steht der Irak im Mittelpunkt zahlreicher Resolutionen. Nach dem Golfkrieg gab es allein 19 Resolutionen, die sämtlich von Saddam Hussein ignoriert wurden. Die wichtigste Resolution in dem Zusammenhang ist 1441 vom November 2002. Auf ihrer Basis wurde das diktatorische Regime Saddam Husseins im März/April 2003 von anglo-amerikanischen Truppen in der Operation »Iraqi Freedom« beseitigt. Die UNO war erst gar nicht mehr gefragt worden. Welche Rolle sie in Zukunft im Friedensprozess für den Nahen Osten spielen wird, muss abgewartet werden. Im Irak entscheiden jedenfalls die Amerikaner. Die UNO war erst gar nicht mehr gefragt worden. Im Irak entschieden jedenfalls die Amerikaner; die UNO kam dort nur mehr am Rande vor. Am 22. Mai 2003 hob der UNO-Sicherheitsrat die im August 1990 mit der Resolution 661 verhängten Sanktionen gegen den Irak auf.

ZEITTAFEL

1896 *Der Judenstaat*. Programmatische Schrift von Theodor Herzl.

1897 Erster Zionistenkongress in Basel. »Basler Erklärung«: Ziel des polit. Zionismus ist eine öffentlich-rechtlich gesicherte Heimstätte für das jüdische Volk in Palästina.

1909, April: Gründung von Tel Aviv (hebr. »Frühlingshügel«).

1914, November: Die Türkei tritt an der Seite Österreich-Ungarns und Deutschlands in den Ersten Weltkrieg ein.

1915 Korrespondenz zwischen MacMahon und Hussein: Im Falle eines Sieges über die Türkei arabisches Großreich.

1916, Mai: Sykes-Picot-Abkommen legt Einflusszonen für Großbritannien und Frankreich nach dem Sieg über die Türkei fest; Palästina soll unter internationale Verwaltung.

1917
2. November: Balfour-Deklaration: »Nationale Heimstätte in Palästina für das jüdische Volk«.
9. Dezember: General Allenby zieht in Jerusalem ein.

1920, April: Konferenz von San Remo.

1922 Der Völkerbund bestätigt das britische Mandat über Palästina. Entstehung der »Jewish Agency for Palestine«, die die jüdischen Interessen vertritt.

1929, August: Arab. Unruhen in Jerusalem. Massaker an den Juden in Hebron und Safed.

1936 Beginn des arabischen Aufstands (bis 1939).

1937, Juli: Britische Peel-Kommission empfiehlt Teilung Palästinas zw. Arabern und Juden.

1939, Mai: Britisches Weißbuch. Teilung Palästinas in arabischen und jüdischen Staat wird abgelehnt, Beschränkung der jüdischen Einwanderung nach Palästina.

1941, April: Pro-deutscher Putsch im Irak, von britischen Truppen niedergeschlagen.
November: Der Großmufti von Jerusalem besucht Hitler in Berlin.

1942, 9.–11. Mai: Biltmore-Konferenz in New York.

1945, März: Gründung der Arabischen Liga.

1946/1947 Jüdische Einwanderer werden von den Briten in Lager auf Zypern interniert.

1947
Februar: Britische Regierung übergibt das Palästinenserproblem der UNO.
Mai: Einsetzung der UNSCOP.
Juli: Haganah – Schiff »Exodus«.
29. November: Vollversammlung der Vereinten Nationen stimmt für Teilung Palästinas in jüdischen und arabischen Staat. Jerusalem unter internationale Verwaltung.

1948, 14. Mai: Proklamation des Staates Israel durch David Ben Gurion in Tel Aviv. israel.-arab. Krieg bzw. Unabhängigkeitskrieg bis Frühjahr 1949.

1949 Israel wird 59. Mitglied der Vereinten Nationen. Theodor Herzls sterbliche Überreste werden von Wien nach Jerusalem überführt.

1951, Juli: König Abdullah I. von Jordanien ermordet.

1952
Juli: Putsch der »freien Offiziere« in Kairo gegen König Faruk.
September: »Wiedergutmachungs«-Abkommen zwischen Israel und der BRD.

1956, Oktober/November: Suezkrieg.

1957, März: Eisenhower-Doktrin.

1958 Gründung der Al-Fatah; Abkürzung für Harakat Tahrir Falastin (»Bewegung zur Befreiung Palästinas«).

1960, 14. März: Treffen zwischen David Ben Gurion und Konrad Adenauer in New York.

1964 Gründung der Palästinensischen Befreiungsorganisation (PLO).

1967
5.–10. Juni: Sechstagekrieg. Vernichtende Niederlage der Araber.
November: UNO-Resolution 242: Rückzug aus (den) »besetzten Gebieten«.

1970 »Schwarzer September« in Jordanien: Jordanische Truppen kämpfen gegen die PLO, die ihre Basis in den Libanon verlegt.

1973, 6.–25. Oktober: Yom Kippur-Krieg. Erdölboykott. UNO-Resolution 338 auf der Basis der UNO-Resolution 242 von 1967.

1974 Entflechtungsabkommen Israels mit Ägypten und Syrien. Arafat spricht vor der UNO.

1975 Mehrheit der UNO-Vollversammlung charakterisiert den Zionismus als »eine Form des Rassismus« (1991 revidiert).

1977, November: Ägyptens Präsident Sadat in Jerusalem.

1978, September: Camp David-Abkommen als Basis für den Frieden zwischen Ägypten und Israel.

1979, 26. März: In Washington Unterzeichnung des Friedensvertrages Israel und Ägypten.

1980, 2. September: Beginn des Irak-Iran-Krieges.

1981 Die israelische Luftwaffe zerstört den irakischen Atomreaktor in Osirak.
   6. Oktober: Ägyptens Staatspräsident Sadat wird ermordet.

1982
   6. Juni: Israelischer Einmarsch in den Libanon.
   16./17. September: In den Palästinenser-Lagern Sabra und Shatila im Libanon Massaker durch libanesische Milizen.

1987, 8. Dezember: Beginn der 1. Intifada.

1988, 20. August: Waffenstillstand zw. Iran und Irak tritt in Kraft (UNO-Resolution 598).

1990, 2. August: Der Irak überfällt Kuwait.

1991
   17. Januar – 28. Februar: Operation »Wüstensturm«.
   30. Oktober: Beginn der Nahost-Friedenskonferenz in Madrid.

1993, 13. September: In Washington Unterzeichnung der »Prinzipienerklärung« zwischen Israel und der PLO; Ende der 1. Intifada.

1994
   4. Mai: Unterzeichnung des Gaza-Jericho-Abkommens (Oslo I).
   26. Oktober: Unterzeichnung des Friedensvertrages zwischen Israel und Jordanien.

1995
   28. September: Unterzeichnung des Autonomieabkommens durch Rabin und Arafat in Washington (Oslo II).
   4. November: Ministerpräsident Yitzhak Rabin wird nach einer Friedensdemonstration in Tel Aviv von einem fanatischen Juden ermordet.

1996, 29. Mai: Benjamin Netanjahu vom rechts-nationalen Likud wird Ministerpräsident.

1998, 23. Oktober: Israel und die PLO unterzeichnen das Wye-Abkommen; weiterer Rückzug aus der Westbank.

1999, 17. Mai: Ehud Barak von der Arbeiterpartei wird Ministerpräsident.

2000
25. Juli: Gipfel von Camp David scheitert.
September: Beginn der 2. Intifada. Bis Mai 2003 mehr als 90 palästinensische Terroranschläge in Israel.

2001, 6. Februar: Ariel Sharon vom rechts-nationalen Likud wird Ministerpräsident.

2003
20. März: Beginn des Irakkrieges.
19. August: Selbstmordanschlag in Jerusalem:20 Tote, 80 Schwerverletzte.

2004, 11.November: Yassir Arafat stirbt im Krankenhaus in Paris.

2005
9. Januar: Mahmud Abbas wird Präsident der palästinensichen Autonomiebehörde.
12.September: Rückzug Israels aus dem Gazastreifen.

2006
4. Januar: Sharon erleidet einen Schlaganfall; Ehud Olmert übernimmt Amtsgeschäfte.
Juli/August: Libanonkrieg.

2007
28. Mai: Shimon Peres Staatspräsident.
Juni: Hamas übernimmt die Kontrolle im Gazastreifen.

2008, 27. Dezember bis 2009, 18. Januar:
Israelische Offensive im Gazastreifen (»Gegossenes Blei«).

2010
Mai: Israelische Elitetruppe stürmt eine internationale Hilfsflotte für den Gazastreifen;10 Tote,etliche Verletzte.
2. September: Wiederaufnahme direkter israelisch-palästinensischer Friedensgespräche in Washington.

2011, Oktober: Mahmud Abbas beantragt bei der UNO einen eigenen Staat Palästina. Die UNESCO nimmt Palästina als Vollmitglied auf. Israel drängt auf Maßnahmen gegen das Atomprogramm Irans.

GLOSSAR

Al Fatah – »Bewegung zur Befreiung Palästinas«.

Alijah – (hebr. »Aufstieg«, weil die Heimkehrenden nach Zion hin-
aufsteigen). Phasen der jüdischen Einwanderung nach Palästina.
1. 1882–1903; 2. 1904–1914; 3. 1919–1923; 4. 1924–1931; 5. 1932–1938. *s.
S.16f.*

Arabische Aufstände – 1920/21, 1929 und 1936–1939 in Palästina.
s. S. 13f., 17f., 20, 22ff.

Arabische Liga – Organisation arabischer Staaten, 1945 gegründet.
s. S. 31f., 47

Aschkenase – Juden in Palästina/Israel, die aus Europa stammen.

Balfour-Deklaration – 2.11.1917; britische Zusage zur Errichtung einer
»nationalen Heimstätte für das jüdische Volk in Palästina«. *s. S. 10f.,
14, 16, 29, 47, 73–78, 105*

Basler Resolution – Resolution des Ersten Zionistischen Kongresses
1897; Forderung nach Errichtung einer öffentlich-rechtlichen Heimstätte für die Juden. *s. S. 7*

Biltmore-Programm – Erklärung der Zionistischen Weltorganisation
im Mai 1942. Der Name des Programms wurde von dem New Yorker
Hotel abgeleitet, in dem der Kongress vom 9.–11.5.1942 stattfand.
s. S. 29

Bricha – ▸ illegale Einwanderung

Camp David-Abkommen – Am 17.9.1978 von Sadat, Begin und Carter in Camp David unterschrieben; führt zum Friedensvertrag zwischen Ägypten und Israel, der am 26.3.1979 in Washington unterzeichnet wird. *s. S. 51ff.*

Deir Yassin – Palästinensisches Dorf, dessen Einwohner am 9.4.1948 von der jüdischen Terrorgruppe Irgun ermordet wurden. *s. S. 79f.*

Eretz Israel – (hebr. »Land Israel«). Hebräischer Begriff für das britische Mandatsgebiet Palästina.

Etzel – ▸ Irgun.

»Exodus« – Bekanntestes Schiff mit Holocaust-Überlebenden (1947). *s. S. 35f.*

Gaza-Jericho-Abkommen – 4.5.1994. Umsetzung der in Washington unterzeichneten Prinzipienerklärung. *s. S. 57–60*

Golfkrieg – Erster: Irak-Iran 1980–1988; Zweiter: ▸ Operation »Wüstensturm« 1991. *s. S. 101ff.*

Haganah – (hebr. »Verteidigung«). Jüdische Verteidigungsorganisation in Palästina 1920–1948. *s. S. 22, 26, 28f., 79*

Hamas – (arab. »Begeisterung, Eifer«). Nach dem Junikrieg 1967 gegründete islamisch-fundamentalistische Terrororganisation. *s. S. 59, 62*

Histadrut – Jüdische Gewerkschaft in Palästina; 1920 gegründet.

Hisbollah – Schiitische Partei und Miliz im Libanon; entstand mit Unterstützung des Iran als Reaktion auf die israelische Invasion 1982. *s. S. 62, 65*

Hussein-MacMahon-Korrespondenz – 1915. Britische Zusage zur Errichtung eines Großarabischen Reiches. *s. S. 9 f.*

IDF – Israel Defense Forces, seit 28.5.1948 Israels Streitkräfte. *s. S. 80*

Illegale Einwanderung – In den Jahren 1940–1948 nach Palästina; von 1945–1948 organisiert durch die Fluchthilfeorganisation Bricha (hebr. »Flucht«); etwa 200 000 Juden, mehrheitlich aus Polen und Rumänien, wurden auf zum Teil abenteuerliche Weise zumeist über Österreich und Italien nach Palästina geschafft. *s. S. 24, 32*

Intifada – (arab. »Erhebung«, »Abschütteln«). Massenprotest und Aufstand der Palästinenser im Westjordanland, Gazastreifen und Ost-Jerusalem; 1. Intifada 1987–1993; 2. Intifada seit 2000. *s. S. 52 f., 66 ff., 72, 109*

Irgun Z'vai Le'umi – (hebr. »Nationale Militärorganisation«). Kurzform auch Irgun, IZL, Etzel; zionistische Terrororganisation 1937–1948. *s. S. 22 f., 33, 35, 79 f.*

Israelisch-arabischer Krieg – 1948/49; in Israel Unabhängigkeitskrieg. *s. S. 78–84*

Jewish Agency – 1929 gegründet, zur Vertretung jüdischer Interessen zunächst in Palästina, dann in Israel. *s. S. 14, 25*

Jishuv – (hebr. »Besiedlung«). Bezeichnung für jüdisches Siedlungsgebiet und jüdische Bevölkerungsgruppe in Palästina bis zur Staatsgründung Israels 1948. *s. S. 79 f.*

Libanonkrieg – Israelische Invasion des Libanon 1982. *s. S. 69*

Madrider Friedenskonferenz – 1.10.–1.11.1991: Erste direkte Verhandlungen aller am arabisch-israelischen Konflikt beteiligten Parteien. *s. S. 52ff.*

Mandatszeit – Britische Verwaltung Palästinas von 1920–1948 als Mandat des Völkerbundes. *s. S. 11–38*

Mossad – Israelischer Geheimdienst, gegr. 1951. *s. S. 92f.*

Operation »Wüstensturm« – 1991 unter Führung der USA Krieg gegen den Irak nach dessen Besetzung Kuwaits. *s. S. 52, 103*

Oslo I-Abkommen – ► Gaza-Jericho-Abkommen.

Oslo II-Abkommen – ► Taba-Abkommen.

Palmach – Elitetruppe der Haganah. *s. S. 28*

»Patria« – Flüchtlingsschiff 1940. *s. S. 26f.*

Peel-Kommission – Schlägt 1937 erstmals die Teilung Palästinas in einen jüdischen und einen arabischen Staat vor. *s. S. 20f., 23*

PLO – Palästinensische Befreiungsorganisation (Palestine Liberation Organization). 1964 gegründet mit dem Ziel, Israel zu zerstören und in Palästina einen unabhängigen palästinensisch-arabischen Staat zu errichten. *s. S. 47, 50ff., 54ff., 64, 102f., 107ff.*

»Salvador« – Flüchtlingsschiff 1940. *s. S. 26*

Schekel – 2000 Jahre v. Chr. Maßeinheit für Gold und Silber; Jahresbeitrag für die Mitglieder der Zionistischen Weltorganisation; seit 1980 unter Menachem Begin Währungseinheit Israels. *s. S. 7*

Schiiten – Hauptgruppe der Muslime; stärkste Volksgruppe im Irak. *s. S. 98*

Schwarzer September – 1970. Zerschlagung der bewaffneten palästinensischen Guerilla-Verbände in Jordanien. *s. S. 47*

Sechstagekrieg – Juni 1967. Vernichtende Niederlage der arabischen Staaten. *s. S. 47, 89–98*

Siedlungspolitik – Jüdische Siedlungen in der Westbank und im Gazastreifen. *s. S. 53 f., 62*

Sinaifeldzug – ▸ Suezkrieg

»Struma« – Flüchtlingsschiff 1942. *s. S. 26 ff.*

Suezkrieg – ▸ Oktober/November 1956. Israelisch-britisch-französischer Angriff auf Ägypten. *s. S. 44 f., 84–88*

Sykes-Picot-Abkommen – 1916. Britisch-französisches Abkommen zur Interessenaufteilung im Nahen Osten. *s. S. 9, 68, 73, 76*

Taba-Abkommen – 28.9.1995; zweite Stufe der palästinensischen Selbstverwaltung. *s. S. 69*

Teilungspläne – Die wichtigsten: 1937 (Peel) und 1947 (UNO). *s. S. 21 f., 78, 81*

»Todesschiffe« – ▸ »Patria«, »Salvador«, »Struma«.

UNO-Resolutionen – Zu den wichtigsten zählen 181 (Teilung Palästinas; 1947), 194 (Rückkehr der Flüchtlinge; 1948); 242 (Rückzug Israels aus besetzten Gebieten; 1967), 598 (Waffenstillstand Irak-Iran; 1988), 661 (Sanktionen gegen den Irak; 1990), 1441 (Waffeninspekteure im Irak; 2002); 1483 (Aufhebung der Sanktionen gegen den Irak; 2003). *s. S. 35, 38, 47, 53f., 66, 88, 102f.*

UNSCOP – United Nations Special Committee on Palestine; am 15.5.1947 zur Prüfung der Palästinafrage eingesetzt; empfiehlt die Teilung. *s. S. 34ff., 105*

Yom Kippur – (hebr. »Versöhnungstag«). Einer der höchsten jüdischen Feiertage; ▸ Yom Kippur-Krieg. *s. S. 34f., 49*

Yom Kippur-Krieg – Überraschungsangriff Ägyptens und Syriens im Oktober 1973. Nach anfänglichen Erfolgen von Israel zurückgeschlagen; erhebliche Verluste auf beiden Seiten. *s. S. 49, 54*

Zionismus – Politische Bewegung mit dem Ziel der Errichtung eines jüdischen Staates in Palästina. Der Name bezieht sich auf den Hügel Zion, der oft als Synonym für Jerusalem verwendet wird. *s. S. 4–8, 76*

Zionistischer Weltkongress – 1897 in Basel gegründet. *s. S. 6–9, 108f.*

PERSONENREGISTER

Abbas, Mahmud – Erster Ministerpräsident der Palästinenser (seit 2003) s. S. 70

Abd al-Aziz ibn al-Rahman Al Feïsal Al-Saud (Ibn Saud) – Sultan von Najd, König von Saudi-Arabien (1932–1953) s. S. 20, 31

Abdullah I. – Emir von Transjordanien (1921), König von Jordanien (1946–1951); ermordet s. S. 12, 20, 39, 80, 84

Abdullah II. – König von Jordanien (seit 1999); Sohn von Hussein II. s. S. 67f.

Adenauer, Konrad – deutscher Bundeskanzler (1949–1963) s. S. 46f.

al-Gailani, Raschid Ali – 1941 Premierminister des Irak s. S. 99f.

al-Husseini, Amin (1893–1974) – Mufti von Jerusalem (1921–1936) s. S. 17, 78, 99f.

Allenby, Sir Edmund H. – britischer General im 1. Weltkrieg s. S. 110

Allon, Yigal (1918–1980) – israelischer Außenminister (1974–1977) s. S. 28

al-Said, Nuri – Ministerpräsident des Irak, 1958 ermordet s. S. 13, 100

Amir, Yigal – Mörder von Yitzhak Rabin s. S. 63

Amit, Meir – Chef des israelischen Geheimdienstes Mossad (1963–1968) s. S. 92

Amr, Abd al-Hakim – ägyptischer Generalstabschef (1956), Verteidigungsminister s. S. 87, 93

Arafat, Yassir (1929–2004) – Führer der Palästinenser s. S. 51f., 54–59, 62, 66–70, 102, 108

Assad, Bashar al- – (Sohn von Hafez), Präsident Syriens (seit 2000) s. S. 65

Assad, Hafez al- – Präsident Syriens (1971–2000) s. S. 64 f.

Attlee, Clement (1883–1967) – britischer Premierminister (1945–1951) s. S. 32

Balfour, Lord Arthur James (1848–1930) – britischer Außenminister (1916–1919) s. S. 10, 15, 73ff.

Ball, George – US-Unterstaatssekretär (1961–1965) *s. S. 49*

Barak, Ehud (geb. 1942) – Generalstabschef, Außenminister (1995/96), Ministerpräsident Israels (1999–2001) *s. S. 64–67, 69*

Barker, Evelyn – britischer General, 1946 Oberkommandierender in Palästina *s. S. 34*

Begin, Menachem (1913–1992) – Ministerpräsident Israels (1977–1983) *s. S. 28, 33, 35, 49f., 79f., 92*

Ben Gurion, David (1886–1973) – führender Zionist, Ministerpräsident Israels (1948–1953, 1955–1963) *s. S. 8, 11, 18, 21f., 24f., 29, 32, 38f., 45f., 71, 82, 84, 86, 88*

Ben-Ami, Shlomo – 2000/2001 israelischer Außenminister *s. S. 66*

Bernadotte, Graf Folke – schwedischer Diplomat; UNO-Beauftragter, 1948 ermordet *s. S. 82, 105*

Bevin, Ernest (1881–1951) – britischer Außenminister (1945–1951) *s. S. 32ff.*

Bourgès-Maunoury, Maurice – 1957 französischer Verteidigungsminister *s. S. 86*

Brandeis, Louis (1856–1941) – US-Zionist, Richter am Supreme Court *s. S. 76*

Breschnew, Leonid (1906–1982) – Generalsekretär der KPdSU (1964–1982), Vorsitzender des Präsidiums des Obersten Sowjet (1972–1982) *s. S. 92, 96*

Bulganin, Nikolai – sowjetischer Regierungschef (1955–1958) *s. S. 44*

Bunche, Ralph (1904–1971) – US-Diplomat *s. S. 82*

Bush, George – US-Präsident (1989–1993) *s. S. 53f., 103*

Bush, George W. – US-Präsident (seit 2001) *s. S. 103*

Byrnes, James – US-Außenminister (1945–1947) *s. S. 33*

Carter, Jimmy – US-Präsident (1977–1981) *s. S. 49f., 101*

Chamberlain, Arthur Neville – britischer Premierminister (1937–1940) *s. S. 23ff.*

Chancellor, Sir John – britischer Hochkommissar in Palästina (1928–1931) *s. S. 17*

Christopher, Warren – US-Außenminister (1993–1997) s. S. 64

Clinton, William (»Bill«) J. (*1946) – US-Präsident (1993–2001)
s. S. 56f., 60, 63–68

Churchill, Winston (1874–1965) – britischer Kolonialminister,
Premierminister (1940–1945, 1951–1955) s. S. 10, 13ff., 27, 32, 40, 99f.

Cox, Sir Percy – britischer Hochkommissar im Irak s. S. 98

Curzon, Lord George –Vizekönig von Indien, britischer Außenminister (1919–1924) s. S. 15f., 77

Dajan, Moshe (1915–1981) – israelischer General und Politiker,
Verteidigungsminister (1967–1974), Außenminister (1977–1979)
s. S. 28, 47, 85ff., 92, 95

De Gaulle, Charles (1890–1970) – französischer Staatspräsident
(1958–1969) s. S. 92

Dreyfus, Alfred – französischer Offizier s. S. 3f.

Dulles, John Foster (1888–1959) – US-Außenminister (1953–1959)
s. S. 41, 43, 106

Eden, Anthony (1897–1977) – britischer Außenminister (1940–1945,
1951–1955), Premierminister (1955–1957) s. S. 43, 85, 88

Eisenhower, Dwight D. (1890–1969) – US-Präsident (1953–1961)
s. S. 40, 44f., 85, 88

Faruk I. – König von Ägypten (1936–1952) s. S. 39

Feisal I. – König von Syrien (1920), dann des Irak (1921–1933) s. S. 11ff.,
98

Feisal II. – König des Irak (1939–1958); ermordet s. S. 100

Ghazi I. – König des Irak (1933–1939) s. S. 20

Goldstein, Baruch – jüdischer Siedler und Terrorist s. S. 58

Gromyko, Andrej – sowjetischer UNO-Vertreter (1946–1948) und
Außenminister (1957–1985) s. S. 35, 49

Grobba, Fritz – deutscher Gesandter in Bagdad (1932–1939),
Nahostexperte des Auswärtigen Amts s. S. 100

Habib, Philip – US-Diplomat s. S. 51

Hammarskjøld, Dag – UNO-Generalsekretär (1953–1961) s. S. 106

Harrison, Earl G. – US-Diplomat *s. S. 32*

Harvey, Oliver – britischer Diplomat *s. S. 27*

Herzl, Theodor (1860–1904) – Begründer des modernen Zionismus
s. S. 3–8, 8f., 3f., 71, 78

Hirsch, Baron Maurice de – Bankier und Förderer Herzls *s. S. 4*

Hitler, Adolf (1889–1945) – »Führer« des Deutschen Reiches
(1933–1945) *s. S. 18, 25, 88, 99f.*

Hussein II. – König von Jordanien (1952–1999) *s. S. 39, 45, 47, 94*

Hussein, Saddam – irakischer Diktator (1979–2003) *s. S. 52, 72,
100–104, 109*

Hussein I. Ibn Ali – Scherif von Mekka *s. S. 9*

Johnson, Lyndon B. (1908–1973) – US-Präsident (1963–1969) *s. S. 49,
92, 96f.*

Kasim, Abd al-Karim – irakischer General und Politiker *s. S. 45, 100*

Kennedy, John F. (1917–1963) – US-Präsident (1961–1963) *s. S. 49*

Khomeini, Ruhollah (1900–1989) – Ayatollah des Iran (1979–1989)
s. S. 50

Kissinger, Henry – US-Außenminister (1973–1977) *s. S. 46, 48, 64, 101*

Lansing, Robert – US-Außenminister (1915–1920) *s. S. 12*

Lawrence, T. E. (»Lawrence of Arabia«) – legendärer britischer Offizier
im 1. Weltkrieg, Berater W. Churchills *s. S. 9, 12f.*

Lesseps, Ferdinand de – französischer Erbauer des Suezkanals *s. S. 88*

Levy, David – israelischer Außenminister (1990–1992, 1999/2000)
s. S. 66

Lloyd, Selwyn (1904–1978) – britischer Außenminister (1955–1960)
s. S. 85ff.

MacDonald, Malcolm – britischer Kolonialminister (Sohn von Ramsay
MacDonald) *s. S. 23*

MacDonald, Ramsay – britischer Premierminister (1924–1935) *s. S. 18*

MacMichael, Harold – britischer Hochkommissar in Palästina *s. S. 27*

Marshall, George C. (1880–1959) – US-Außenminister (1947–1949)
s. S. 38

Maude, Sir Frederick Stanley – britischer General im 1. Weltkrieg
s. S. 98

McMahon, Sir Henry (1862–1949) – britischer Hochkommissar in
Ägypten im 1. Weltkrieg s. S. 91f.

McNamara, Robert – US-Verteidigungsminister (1961–1968) s. S. 93, 97

Meir, Golda (1898–1978) – führende Zionistin; Außenministerin
(1956–1965), Ministerpräsidentin Israels (1969–1974) s. S. 79, 85, 106

Milner, Sir Alfred – britischer Kolonialpolitiker s. S. 77f.

Mollet, Guy – französischer Ministerpräsident (1956/57) s. S. 85f.

Montagu, Edwin – britischer Indienminister s. S. 76, 78

Mossadegh, Mohammed Abderrazak el- – Ministerpräsident des
Iran (1951–1953) s. S. 40

Moyne, Lord Walter E. – britischer Kolonialminister s. S. 27

Mubarak, Mohammed Hosni – Staatschef Ägyptens (1981–2011) s. S. 67f.

Narkiss, Uzi – israelischer General s. S. 95

Nasser, Gamal Abd-el (1918–1970) – Staatschef Ägyptens
(1956–1970) s. S. 39, 40–47, 84, 87, 90, 92–96, 106

Netanjahu, Benjamin – Ministerpräsident Israels (1996–1999)
s. S. 60–64

Nixon, Richard M. (1913–1994) – US-Präsident (1969–1974) s. S. 46

Olmert, Ehud – Bürgermeister von Jerusalem (1998–2003), Minister
für Industrie und Handel (seit 2003) s. S. 63

Pauls, Rolf – erster deutscher Botschafter in Israel (1965–1968) s. S. 46

Pearson, Lester (»Mike«) – Außenminister Kanadas (1948–1957) s. S. 106

Peel, Lord Robert – britischer Diplomat s. S. 20

Peres, Shimon – Außenminister (1986–1988, 1992–1995), Ministerpräsident Israels (1977, 1984–1986, 1995/96) s. S. 58ff., 62, 85f.

Picot, Charles Georges – französischer Diplomat, Nahostexperte im
1. Weltkrieg s. S. 9

Pineau, Christian – französischer Außenminister (1956–1958) s. S. 85f.

Rabin, Yitzhak (1922–1995) – Generalstabschef, Ministerpräsident
Israels (1974–1977, 1992–1995); ermordet s. S. 47, 55–62, 72, 95

Reagan, Ronald W. – US-Präsident (1981–1989) *s. S. 51, 101*

Reza Pahlevi, Mohammed – Schah von Persien *s. S. 50*

Rhodes, Cecil – britischer Kolonialpolitiker (»Rhodesien«) *s. S. 6*

Rommel, Erwin – deutscher General im 2. Weltkrieg *s. S. 28, 99*

Roosevelt, Franklin D. (1882–1945) – US-Präsident (1933–1945) *s. S. 30*

Rothschild, Lord Lionel Walter – britischer Zionist *s. S. 10, 73ff., 78*

Sadat, Anwar as- (1918–1981) – Staatspräsident Ägyptens
(1970–1981); ermordet *s. S. 47–50*

Samuel, Herbert – erster britischer Hochkommissar in Palästina
(1920–1925) *s. S. 16*

Shamir, Yitzhak (geb. 1913) – Außenminister (1980–1983), Ministerpräsident Israels (1983/84, 1986–1992) *s. S. 53f.*

Shara, Faruk al- – syrischer Außenminister *s. S. 64*

Sharon, Ariel (geb. 1928) – Ministerpräsident Israels (seit 2001)
s. S. 50, 60, 62, 66, 69f.

Smuts, Jan Christian – südafrikanischer General *s. S. 73*

Stettinius, Edward R. – US-Außenminister (1944/45) *s. S. 31*

Sykes, Sir Mark – britischer Diplomat, Nahostexperte im 1. Weltkrieg
s. S. 9, 77

Thant, U – UN-Generalsekretär (1961–1971) *s. S. 90*

Truman, Harry S. (1884–1972) – US-Präsident (1945–1953) *s. S. 2, 30–
34, 36–38, 41*

Tschu en Lai – Ministerpräsident der Volksrepublik China *s. S. 42*

Ulbricht, Walter – DDR-Staatsratsvorsitzender (1960–1973) *s. S. 46*

Wavell, Archibald P. – britischer Feldmarschall im 2. Weltkrieg *s. S. 26*

Weinberger, Caspar – US-Verteidigungsminister (1981–1987) *s. S. 101*

Weizmann, Chaim (1874–1952) – führender Zionist, erster Präsident
Israels (1948–1952) *s. S. 12, 18, 24f., 29, 37, 74, 76*

Wilson, Woodrow (1856–1924) – US-Präsident (1913–1921) *s. S. 74, 76*

Wingate, Orde Charles – britischer Offizier im 2. Weltkrieg *s. S. 22*

Zaim, Husni – syrischer Stabschef *s. S. 39*

Literaturhinweise

ALLGEMEIN

1 Abu-Sharif, Bassam/Mahnaimi, Uzi: Mein Feind – Mein Freund. München 1998.

2 Falch, Sabine / Zimmermann, Moshe (Hg.): Israel – Österreich. Von den Anfängen bis zum Eichmannprozess 1961, Innsbruck / Wien / München 2004.

3 Fürtig, Henner: Kleine Geschichte des Irak. München 2003.

4 Glasneck, Johannes / Timm, Angelika: Israel. Die Geschichte des Staates seit seiner Gründung. Bonn 1998[3].

5 Gresch, Alain: Israel – Palästina. Die Hintergründe eines unendlichen Konfliktes. Zürich 2002.

6 Hornung, Klaus: Krisenherd Naher Osten. Geschichte – Fakten – Hintergründe. Weinheim 1991.

7 Hourani, Albert: Die Geschichte der arabischen Völker. Frankfurt am Main 2001.

8 Informationen zur politischen Bildung: Nr. 278: Israel, hrsg. von der Bundeszentrale für politische Bildung, Bonn 2008 (überarbeitete Neuauflage)

9 Johannsen, Margret: Der Nahost Konflikt, Wiesbaden 2006.

9a Jaeger, Kinan / Tophoven, Rolf (Hrsg.): Der Nahost-Konflikt, Bonn 2011.

10 Krupp, Michael: Die Geschichte des Staates Israel. Von der Gründung bis heute. Gütersloh 1999.

11 Kubbig, Bernd W. (Hg.): Brandherd Irak. US-Hegemonieanspruch, die UNO und die Rolle Europas. Frankfurt am Main/New York 2003.

12 Neifeind, Harald: Der Nahostkonflikt – historisch, politisch, literarisch. Schwalbach/Ts. 2002[2].

13 O'Brien, Conor Cruise: Belagerungszustand. Die Geschichte des Zionismus und des Staates Israel. München 1991.

14 Rotter, Gernot/Fahti, Schirin: Nahostlexikon. Der israelisch-palästinensische Konflikt von A – Z. Heidelberg 2001 (mit Bibliographie und Links).

14a Schäuble Martin/Flug, Noah: Die Geschichte der Israelis und Palästinenser, München 2007.

15 Schreiber, Friedrich: Kampf um Palästina. Eine 3000jährige Geschichte der Gewalt. München 1992.

16 Schreiber, Friedrich/Wolffsohn, Michael: Nahost. Geschichte und Struktur des Konfliktes. Opladen 1993.

17 Steinbach, Udo u.a.: Politisches Lexikon Nahost, Opladen 1994.

18 Steininger, Rolf (Hg.): Berichte aus Israel 1946–1972, München 2004 (elf Bände plus 2 Ergänzungsbände).

18a Ders./Agstner, Rudolf: Israel und der Nahostkonflikt 1972–1976, München 2006.

18b Steininger, Rolf, Österreichs Diplomaten in Palästina und Israel 1927 – 1976, Innsbruck 2012.

19 Tibi, Bassam: Konfliktregion Naher Osten. Regionale Eigendynamik und Großmachtinteressen. München 1989.

20 Ders.: Pulverfaß Nahost. Frankfurt am Main 1997.

21 Tophoven, Rolf: Der israelisch-arabische Konflikt; hrsg. v. d. Bundeszentrale für politische Bildung. Bonn 1991[5].

22 Watzal, Ludwig: Feinde des Friedens. Der endlose Konflikt zwischen Israel und den Palästinensern. Berlin 2002[2].

DIE BESTEN ENGLISCHEN TITEL

23 Chapman, Colin: Whose Promised Land? The Continuing Crisis over Israel and Palestine. Dartmouth 2002.

24 Friedman, Thomas L.: From Beirut to Jerusalem. New York 1990.

25 Fromkin, David: A Peace to End all Peace. The Fall of the Ottoman Empire and the Creation of the Modern Middle East. New York 1989.

Literaturhinweise

26 Morris, Benny: Righteous Victims. A History of the Zionist-Arab Conflict, 1881–2001. New York 2001².

27 Ovendale, Ritchie: The Origins of the Arab-Israeli Wars. London/New York 1992².

28 Sachar, Howard M.: A History of Israel from the Rise of Zionism to Our Time. New York 2002³.

29 Shlaim, Avi: War and Peace in the Middle East. A Concise History. New York 1995².

30 Ders.: The Iron Wall. Israel and the Arab World. New York/London 2000.

31 Smith, Charles D.: Palestine and the Arab-Israel Conflict. A History with Documents. Boston/New York 2001⁴.

32 Tessler, Mark A.: A History of the Israeli-Palestinian Conflict. Bloomington 1994.

BIS 1948

33 Albrich, Thomas (Hg.): Flucht nach Eretz Israel. Die Bricha und der jüdische Exodus durch Österreich nach 1945 (Österreich-Israel-Studien, Bd.1; hg. v. Rolf Steininger, Dan Diner, Moshe Zimmermann). Innsbruck/Wien 1998.

34 Benson, Michael T.: Harry S. Truman and the Founding of Israel. Westport/Connecticut 1997.

35 Bethell, Nicholas: Das Palästina-Dreieck. Juden und Araber im Kampf um das britische Mandat 1935 – 1948. Frankfurt am Main 1979.

36 Brenner, Michael: Geschichte des Zionismus. München 2002.

37 Krämer, Gudrun: Geschichte Palästinas. Von der osmanischen Eroberung bis zur Gründung des Staates Israel. München 2002.

37a Segev, Tom: Es war einmal ein Palästina. Juden und Araber vor der Staatsgründung Israels, München 2005.

37b Steininger, Rolf (Hrsg.): Der Kampf um Palästina 1924–1939, München 2007.

38 Watrin, Konrad W.: Machtwechsel im Nahen Osten. Großbritanniens Niedergang und der Aufstieg der Vereinigten Staaten 1941 – 1947. Frankfurt am Main/New York 1989.

39 Wolffsohn, Michael: Wem gehört das Heilige Land? Die Wurzeln des Streits zwischen Juden und Arabern. München/Zürich 2002.

KRIEGE

40 Fraser, T. G.: The Arab-Israeli Conflict. The Origins of the June War. Basingstoke 1995.

41 Fürtig, Henner: Der iranisch-irakische Krieg 1980–1988. Ursachen – Verlauf – Folgen. Berlin 1992.

42 Gorawantschy, Beatrice: Der Golfkrieg zwischen Iran und Irak 1980–1988. Frankfurt am Main 1993.

43 Kunz, Diane B.: The Economic Diplomacy of the Suez Crisis. London 1991.

44 Kyle, Keith: Suez. London 1991.

45 Lucas, W. Scott: Divided We Stand. Britain, the US and the Suez Crisis. London 1991.

46 Mejcher, Helmut: Sinai, 5. Juni 1967. Krisenherd Naher Osten und Mittlerer Osten. München 1999².

47 Münkler, Herfried: Der neue Golfkrieg. Reinbek 2003.

48 Oren, Michael B.: Six Days of War. June 1967 and the Making of the Modern Middle East. Oxford 2002.

49 Salinger, Pierre/Laurent, Erik: Secret Dossiers. The Hidden Agenda Behind the Gulf War. London 1991.

49a Segev, Tom: 1967.Israels zweite Geburt, Bonn 2007.

49b Steininger, Rolf: Der Sechstagekrieg, Aus Politik und Zeitgeschichte, B19 / 2007.

50 Meining, Stefan: Breshnews Geheimrede zum Juni-Krieg 1967. In: Zeitschrift des Forschungsverbundes SED-Staat (2003), S. 111–118.

Literaturhinweise

FRIEDENSBEMÜHUNGEN

51 Beck, Martin: Der Friedensprozeß im Nahen
   Osten. Wiesbaden 2002.

52 Bernstein, Reiner: Der verborgene Frieden. Politik und Religion im Nahen Osten. Berlin 2000.

53 Elias, Adel S.: Wer wirft den letzten Stein? Der
   lange Weg zum Frieden im Nahen Osten.
   Düsseldorf u. a. 1993.

54 Ders.: Dieser Friede heißt Krieg. Israel und
   Palästina – die feindlichen Brüder. München
   1997.

55 Schreiber, Friedrich: Schalom Israel. Nachrich-
   ten aus einem friedlosen Land. München
   1998.

56 Wolffsohn, Michael: Frieden jetzt? Nahost im
   Umbruch. München 1994.

57 Laquer, Walter / Rubin, Barry (Hg.): The Israel-
   Arab Reader. A Documentary History of the
   Middle East Conflict. New York 2001.

INTERNETADRESSEN

58 http://de.wikipedia.org/wiki/Nahostkonflikt
   Mit weiterführenden Links etc.

59 http://www.politische-bildung.de/
   Nahost_israel_aktuelles.html
   *Angebote der Landeszentralen für politische
   Bildung, mit weiterführenden Links, Aufsätzen
   etc. zum Nahostkonflikt.*

60 http://www.bpb.de/themen/P7KQ9D,0,0,
   Geschichte_des_Nahostkonflikts.html
   *Dossier der Bundeszentrale für politische
   Bildung, mit Links zu Israel.*

61 http://jafi.jewish-life.de/zionismus/act/toc.html
   *Website der Jewish Agency in deutscher
   Sprache, u. a. 1887–1997: Das Jahrhundert
   des Zionismus, mit Daten, Biografien etc.*

62 http://www.spiegel.de/thema/Nahostkonflikt
   Dossier des Nachrichtenmagazins DER SPIEGEL

63 http://www.zeit.de/themen/international/
   nahost/index
   Dossier der Wochenzeitung DIE ZEIT

64 www.palaestina.org
   *Generaldirektion Palästinas in der BRD:
   Dokumente, Abkommen, UN-Resolutionen,
   Friedensprozess, PLO, Landkarten, Teilungs-
   pläne, Links.*

*Hervorragend das Project WhistleStop
der Harry S. Truman Library. Unter*

69 www.trumanlibrary-org/whistlestop/
   study-collections/israel/large/israel.htm

bzw. www.trumanlibrary.org/israel/timeline.htm
   *Dokumente, Bilder, Oral Histories, Chronologies
   etc., bzw.*

*The Recognition of the State of Israel, 87 Doku-
mente mit 338 Seiten, Bildern etc.*

Abbildungsnachweise: Karten von bitmap, Mannheim; Harry S. Truman Library, Independence, Missou-
ri; National Archives, Washington D.C.; Imperial War Museum, London; Israel Information Center,
Jerusalem; Israel Government Press Office, Jerusalem; Ha'aretz Archiv, Tel Aviv; Time Warner Publishing,
New York